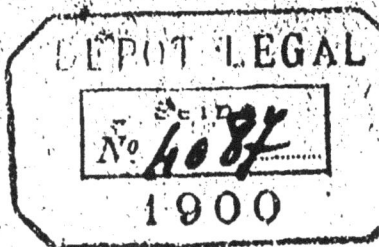

Premier Voyage
Premier Mensonge

ALPHONSE DAUDET

Premier Voyage
Premier Mensonge

ILLUSTRATIONS DE BIGOT-VALENTIN

PARIS

ERNEST FLAMMARION, ÉDITEUR

26, RUE RACINE, 26

Dix-septième mille.

ALPHONSE DAUDET

Premier Voyage
Premier Mensonge

SOUVENIRS DE MON ENFANCE

ILLUSTRATIONS DE BIGOT-VALENTIN

PARIS

ERNEST FLAMMARION, ÉDITEUR

26, RUE RACINE, 26

OUVRAGE INÉDIT

IL A ÉTÉ TIRÉ DE CET OUVRAGE

20 exemplaires sur papier de Chine (n°s 1 à 20)
et 20 exemplaires sur papier du Japon (n°s 21 à 40)
tous numérotés et parafés par l'éditeur

Premier voyage

Premier mensonge

Premier voyage
Premier mensonge

I

INTRODUCTION

Des mémoires, des souvenirs, je puis dire
comme Baudelaire :

J'ai plus de souvenirs que si j'avais mille ans,

mais, de ceux-là, certains se lèvent droits,

et distincts et d'autres manquent de suite, de cohésion, laissant de grands intervalles de mémoire. J'essaierai d'être sincère et de ne pas trop inventer, quitte à laisser parfois un blanc dans la page commencée. Ainsi, par exemple, de cette première soirée où commence mon histoire, je me rappelle seulement que c'était à Beaucaire, au bord du Rhône, dans un Beaucaire déjà bien déshérité de ses grandes foires anciennes, et où se balançaient, claquaient au vent, des écriteaux de maisons vides et à louer.

L'aubergiste nous a donné, à mon jeune cousin et à moi, sa grande chambre pour que nous ne soyons pas en bas au cabaret avec les soldats, sa clientèle habituelle. Cet aubergiste — attendez, j'y suis — et sa femme s'appelaient Toustain. C'étaient des anciens domestiques de mes parents à Nîmes. Ils s'étaient mariés, avaient acheté ce petit fonds d'auberge où je me trouvais ce soir d'été avec mon jeune cousin Léonce.

Mais que c'est loin tout cela, que c'est

BEAUCAIRE. — UNE RUE.

confus ! Ce que j'ai écrit sur mes petits cahiers
par une longue habitude, cela, 'j'en suis sûr,
c'est véridique et fixé. Mais cette aventure
dont je vous parle, je ne l'ai pas notée. Elle
se perd dans ces temps d'enfance à l'état de
rêve. Le nom de l'auberge ? un *Cheval-Blanc*
ou un *Chapeau-Rouge* quelconque, dans une
petite rue très noire, où rugit le vent, où
battent les volets, car les jours de mistral il
souffle si fort à Beaucaire qu'on tend des
cordes d'une maison à l'autre pour s'y cram-
ponner.

Dans la rue, je vois un grand carré de
lumière qui est le reflet de la salle basse où
chantent des soldats. Et ces soldats revenant
de Crimée me donnent la date de mon histoire : ce devait être en 1854 ou 1855.

Les murs sont crépis de blanc dans la grande
chambre où le lit-bateau à baldaquin de
vieille perse fanée occupe presque toute la
place, avec une commode ventrue sur laquelle
une vierge de plâtre tient compagnie à un
vieux bouquet d'orangers, un bouquet de

mariage tout poussiéreux sous son globe de verre. La fenêtre s'enfonce dans une embrasure profonde, et sur l'appui de bois qui comble l'épaisseur des murs, deux jeunes gens sont assis, avec leur petit repas entre eux.

Parmi tous ces souvenirs dispersés enfin, pourquoi — mystère de la mémoire — pourquoi se rappeler le mince souper, le perdreau servi dans une sauce ravigote? Repas romanesque, repas d'aventurier pris à part et presque dans l'ombre pour que les deux enfants ne soient pas mêlés aux chansons et aux bousculades de la salle basse de l'auberge.

De ces deux physionomies, celle d'Alphonse, je ne puis guère l'évoquer après si longtemps, mais je revois très bien dans la demi-obscurité mystérieuse la figure pâle et fiévreuse, les yeux brillants, aigus de son petit compagnon, du Méridional de douze à treize ans, adroit, avisé, avec un inquiétant petit frisson à la bouche, un sourire de

DEUX JEUNES GENS SONT ASSIS, AVEC LEUR PETIT REPAS.

coin, sourire railleur, énigmatique, dont je ne comprenais pas alois l'expression véritable.

LA DILIGENCE.

II

Il est assez extraordinaire, surtout en
France où la jeunesse n'est pas émancipée
comme en Angleterre, de voir deux jeunes
garçons, deux lycéens seuls dans une
chambre, sans parents, sans précepteurs,
chambre d'auberge d'un pays inconnu.

Voici l'explication de cette chose inusitée.

Nous partions pour le lycée de Lyon finir
nos études. Le chemin de fer commençait
à fonctionner, mais il était très cher et nos

parents, qui n'étaient pas riches, avaient
songé à se servir des bateaux à vapeur qui
remontent le Rhône et font le transit et le
commerce de marchandises de Lyon à Mar-
seille. Il arrivait souvent qu'on voyageait
ainsi par faveur sur ces bateaux. Mes parents
connaissant un capitaine auquel ils nous re-
commandèrent, s'étaient décidés à nous envoyer par cette route, pour prendre le pa-
quebot; le Rhône passe à Beaucaire et Nîmes
est à cinq heures de Beaucaire. Nous étions
venus en diligence à travers des champs
d'oliviers, vignes, mûriers, des plaines on-
dulantes sur une route où il y avait deux
pieds de poussière blanche, craquant comme
de la neige, poussière tourbillonnante, qui
agite et voile le paysage et ajoute encore à
la confusion de notre première étape.

Ce que je me rappelle très bien, c'est la
fierté que j'avais de porter dans ma poche
une lettre de recommandation pour le capitaine Reboul — en voilà un nom qui n'est
pas oublié — et une autre lettre aussi pour

LA SOURCE.

ces Toustain, aubergistes à Beaucaire, dont
je viens de vous parler.

C'est cette particularité d'anciens servi-
teurs qui avait décidé nos familles à nous
envoyer seuls, car il fallait passer une nuit
dehors, le bateau venant de la Tour Saint-
Louis et n'arrivant que vers six heures du
matin. Ne me demandez rien d'autre sur ces
gens. Je ne m'en rappelle pas un trait, pas
un son de voix, mais je n'ai pas oublié ma
fierté de ces deux lettres dans ma poche, ni
ce battement de cœur, cette joie immense du
premier voyage, de la liberté conquise.

Puis, c'était l'idée, chère à un lecteur de
tous les Robinsons, que j'allais enfin mettre
le pied sur un bateau.

Il faut vous dire que ma ville natale est un
pays extraordinaire, brûlé, desséché par le
mistral et le soleil comme cette vieille car-
casse de cachalot que Darwin nous montre
portée en triomphe, dépecée par les naturels
de la Terre de Feu, et dont ils se nourris
sent. C'est une ville très ancienne, du temps

des Romains. Alors, l'eau y venait du Rhône par de magnifiques aqueducs comme celui du pont du Gard, mais nous sommes loin de ce temps-là. Le pont du Gard n'est plus qu'un monument historique que les Anglais ne manquent jamais d'aller voir, et superbe à regarder par sa lancée de trois étages d'arceaux qui rejoignent deux hautes collines de verdure. Mais comme aqueduc, il ne fonctionne plus. Et les pauvres habitants de Nîmes, depuis les Romains, tirent la langue en rêvant de fontaines, de cascades et de lacs.

De tout temps nos députés, quand ils font leurs professions de foi électorales, ne manquent jamais de promettre de l'eau. L'un doit la faire venir par un canal, l'autre par des aqueducs, et avec la belle imagination méridionale, nos compatriotes prenant toutes ces promesses au sérieux ont construit d'avance des fontaines à tous les coins de rue. Sur les places il y a des bassins ornés de statues de Pradier, avec des lions, des dauphins, des

LA FONTAINE DE PRADIER.

tritons, se déversant dans des vasques en beau marbre blanc. Une fois les élections passées, le député oublie sa promesse, l'eau ne vient pas et les bassins restent vides, les dauphins, la gueule ouverte, baillent au soleil dans le blanc du marbre, avec des toiles d'araignée dans la gueule et une poussière qui s'épaissit et noircit les accessoires mythologiques des nymphes et des tritons.

Deux traits caractéristiques me reviennent, qui vous donneront une idée de cette disette aquatique.

Dans la fabrique de mes parents, aux portes de Nîmes, fabrique de tissus où je suis né — dont je parle longuement dans le « Petit Chose » — il y avait des bassins et un réservoir où les ouvriers lavaient les étoffes. L'eau de ce réservoir était huileuse, teintée de vert, de jaune, de rouge, et je me rappelle notre stupeur en voyant un jour un vieil officier retraité de nos amis arrivant chez nous avec son petit-fils auquel il voulait donner une leçon de natation.

« Mais où, bon Dieu ! Dans quoi ? demande mon père.

— Mais dans votre réservoir !

— Voilà, alors, le réservoir, dit mon père, puisque vous voulez vous en servir. »

Je vois la tête ahurie du petit, émergeant d'une couronne d'outres, de ceintures de liège, d'appareils en caoutchouc ; le grand-père tortillant sa moustache, l'air contrarié, un peu déconfit ; nous tous, autour de cette eau huileuse et nauséabonde.

Il y avait juste la place de prendre un bain de pieds, et quel bain de pieds, dans ce bassin de teinturerie !

L'autre trait paraîtra encore plus incroyable.

Je me rappelle fort bien qu'à cette époque, à Nîmes, les blanchisseuses n'ayant pas de ruisseau pour laver leur linge, dès qu'il y eut un petit chemin de fer de Nîmes au Rhône, elles le prirent pour porter leurs paniers et leurs baquets.

Les soirs d'été, c'était quelque chose que

L'ARRIVÉE DE CES JEUNES FEMMES OU JEUNES FILLES
RENTRANT AVEC LEURS PAQUETS DE LINGE.

l'arrivée de ces jeunes femmes ou jeunes
filles au teint mat et fiévreux, rentrant avec
leurs paquets de linge encore tout trempé;
et quand elles sortaient de la gare, la foule
attirée s'attroupait sur leur passage et hu-
mait avec délices la bonne fraîcheur de ces
masses ruisselantes dont les pauvres Nîmois
approchaient les mains brûlantes et sèches
en murmurant: O! d'aigo... d'aigo!... d'aigo!... (de l'eau, de l'eau, de l'eau) et si vous
trouvez l'anecdote un peu excessive, mettez
cela sur le compte de l'imagination de votre
ami. Ah! cette damnée imagination, c'est elle
qui dans ce milieu de sécheresse m'avait
donné dès ma plus petite enfance la passion
de l'eau, de la mer. Je ne rêvais que d'elle.
Mes lectures étaient *Robinson Crusoé*,
Aventures et voyages de Garneray, un peintre de marines qui avait été matelot, avait
beaucoup voyagé sous la Révolution, le Premier Empire et, prisonnier des Anglais, a su
raconter ses souffrances sur les pontons de
Portsmouth. Une autre de mes lectures favo-

rites, c'étaient les romans du capitaine Mar-
ryat, et surtout le « Midship Tasy ». J'en
rêvais de ce midshipman, et c'est à lui en
partie que je dois les aventures que je vais
raconter, au « Midship Tasy », et aussi à un
mousse qui avait été mon camarade de
collège, un mauvais petit drôle, paresseux,
cancre, qui ne voulant rien faire avait été
chassé par ses parents et s'était engagé sur
un bateau comme mousse. Il s'appelait Taine,
mais n'avait aucun rapport avec le grand
écrivain philosophe, auteur de la « Littérature
anglaise », que j'ai connu aux dimanches de
Gustave Flaubert et qui, chaque fois que je
l'ai rencontré, m'a fait penser à mon petit
camarade Taine.

Embarqué sur je ne sais quel navire de
l'État, après un temps à l'école des mousses,
ce Taine était allé en Crimée avec la flotte
française, et là, tombé malade du choléra,
sauvé par miracle, on l'avait envoyé en con-
valescence à Nîmes, dans sa famille, où il
était un peu dans la situation délicieuse de

DANS SON COSTUME DE MARIN, J'ÉTAIS FIER DE POUVOIR
LUI DONNER LE BRAS.

l'enfant prodigue, indigestionné de veau gras.

Dans son costume de marin, qu'il s'était bien gardé de quitter, avec le cou nu, le grand col bleu, le chapeau de toile cirée campé sur le haut de la tête, en auréole, Taine pendant quelques mois fut le héros de la ville. Nous marchions en bande autour de lui, sur les boulevards, sur l'esplanade, à la musique. J'étais fier quand je pouvais lui donner le bras. Je recueillais ses moindres mots avec un tel soin, avec une telle religion que, même aujourd'hui, la phrase qu'il répétait le plus souvent m'est restée dans le souvenir. Quand on lui demandait si le métier de marin lui plaisait, il répétait chaque fois : « Trop de bouillon pour si peu de viande. » J'en rêvais, de ce Taine et de ses histoires sur la Crimée, sur l'hôpital de Gallipoli, sur l'École navale française, momentanément installée à Varna, dans laquelle il avait eu un moment l'intention d'entrer. Malheureusement, le pauvre garçon manquait trop d'orthographe. Ah ! si j'avais été à sa place..., et je me voyais en aspirant, avec la veste bleue, la petite casquette plate, galonnée d'or. J'avais comme confident de mes rêves, de mes ambitions, un petit cousin, Léonce, dont je vous parlais tout à l'heure, tantôt chez moi, à notre fabrique de la route d'Avignon (je remue de la vieille poussière de mon enfance), tantôt chez ses parents qui avaient une pharmacie sur une petite place — à nom médicinal. — Oh! la pharmacie, avec ses deux bocaux rose et vert, qui, le soir, mettaient deux taches colorées sur la place à cailloux pointus, avec ses grandes vitrines pleines de fioles où tremblaient des choses mystérieuses, elle tient dans mon souvenir une place presque aussi importante que la fabrique. Je l'ai glissée dans presque tous mes livres, on la retrouve dans chaque coin de *Tartarin*.

Je n'entre jamais dans une de ces officines aux odeurs évocatrices, sans me rappeler celle de mon enfance et les friandises qu'elle contenait: jujubes, réglisses, pastilles, pâte de

guimauve, pâte de lichen ; seulement, il y avait
toujours du monde. A chaque instant la petite
sonnette de la porte d'entrée tintait annon-
çant un client nouveau, surtout les jours de
marché, car nos paysans du Midi sont très
amateurs de choses pharmaceutiques, aimant
les infusions, les douceurs ; quand les vignes
allaient mal, la pharmacie était abandonnée,
mais quand les cuves rendaient bien, nos
bons paysans affluaient pour acheter des
drogues. Nous nous tenions le plus souvent
dans une petite cour noire, ce qu'on appelle
un « ciel ouvert », et là, nous causions avec
l'élève, le potard ! — un tout jeune homme,
— tandis qu'il pilait des herbes dans un mor-
tier de marbre, mes Robinsonnades allaient
leur train. L'élève aussi, un sédentaire ima-
ginatif, se mêlait à nos divagations, divagations interrompues de temps en temps par la
sonnette de la porte. Ah ! la sonnette de la
porte de la pharmacie, qu'elle tintait joyeusement alors ! mais maintenant elle sonne
toujours à mon oreille comme un grelot que

mes souvenirs cabriolants porteraient au cou.

Le petit Léonce, en ce temps, était au lycée de Nîmes avec moi. J'avais une influence sur lui, car il était en retard dans ses classes quoique très intelligent, enfant gâté d'une mère veuve. Mon autorité, bien relative, était moins le fait de mon âge, — je n'avais qu'un an de plus que lui —, que celui de la différence de nos classes. Et comme nous nous aimions beaucoup, j'avais obtenu sans grande peine de l'emmener avec moi au lycée de Lyon, sa mère faisant tout ce qu'il voulait.

Et voilà pourquoi Alphonse et Léonce étaient assis sur le rebord de cette croisée d'auberge, avec un perdreau froid à la sauce ravigote entre eux deux, et, pour horizon, les murs noirs, comme effrités de caractères hiéroglyphiques, antithèse de la vieillerie des choses, à toutes les inventions, les idées aventureuses qui hantaient leurs jeunes têtes ce soir-là.

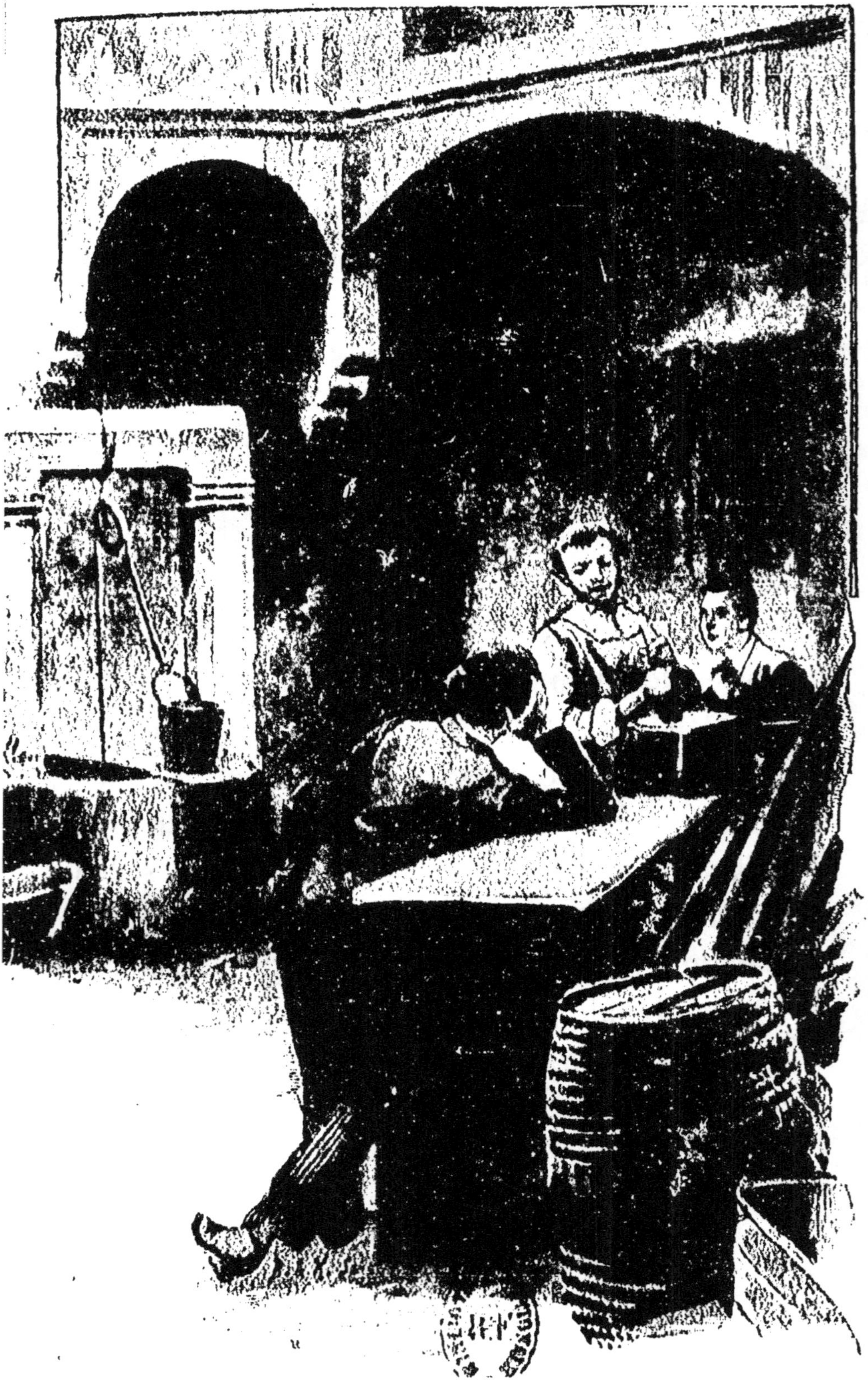

Jusqu'à quelle heure se prolongea notre veillée ? Voilà ce qu'il me serait impossible de vous dire. Mais vous pouvez aisément imaginer notre joie, nos bonds de cabris, nos projets, les grands coups sourds qui battaient dans nos jeunes poitrines à l'idée de ce bateau sur lequel nous allions poser le pied dès le lendemain matin. A chaque instant, je tâtais la poche de ma petite veste pour voir si la lettre au capitaine y était toujours.

« L'as-tu ? » demandait Léonce avec angoisse.

Alphonse répondait avec un sourire hautain : « Je l'ai », car déjà s'agitait en moi l'orgueil de ma supériorité sur ce jeune Télémaque confié à ma sagesse de Mentor ; montait en moi aussi, sous une forme encore indécise, comme un nuage qui amoncelle de la tempête sur l'horizon. le beau mensonge qui allait conduire et transfigurer notre vie pendant quelques jours.

III

Oh ! que le Rhône était grand et brillant,
ce matin-là ! Bleu et vague comme la mer
sous l'haleine puissante du mistral, il défer-
lait à flots pressés contre les piles des ponts
interminables, d'abord le pont de Beaucaire,
le plus grand de France, ce pont qui sépare
Beaucaire de Tarascon, le Languedoc de la

4.

Provence, « le Midi des roseaux et le Midi
des pierres ».

L'angélus du matin sonnait sur les deux
rives, aux clochers de Beaucaire comme à
ceux de Tarascon, dont on voyait en face
étinceler les blanches pointes, par-dessus les
créneaux et les hautes murailles rousses du
château du roi René. A cette époque, Tarascon n'était pas encore illustre. Il avait sa
gloire historique inscrite dans les vieilles
archives, mais mon ami Tartarin n'y était pas
encore né, et je ne me doutais guère, pendant
que je piétinais sur le quai avec Léonce en
admirant le beau coup d'œil, le beau spec-
tacle de la cité tarasconnaise étalée sur l'autre rive, qu'un jour jaillirait de mon cerveau
le héros méridional, tueur de lions, escala-
deur de cimes, colonisateur sans pareil,
l'extraordinaire Tartarin.

Avec les angélus, cinq heures sonnaient
joyeusement partout. Il faisait frais, malgré
que le soleil fût déjà très haut et très chaud,
aux bords du Rhône; le mistral a l'haleine

violente, moins pourtant que sa sœur la tra-
montane qui nous vient du Nord-Est avec un
goût de neige. Le quai était désert à cette

heure. Deux ou trois portefaix seulement,
jouant au bouchon, et des douaniers en tunique verte qui marchaient de long en large,
plus un groupe de cinq ou six voyageurs,

des soldats à pantalon rouge, des femmes, des enfants emmitouflés de couvertures, de cache-nez, et battant la semelle sur les larges dalles du bord en attendant comme nous l'arrivée du bateau qui remontait le Rhône en venant de la Tour Saint-Louis.

« Oh! de ce *mostre*! Comme il est en retard, ce bateau! », dit tout à coup près de nous une voix de coq enrhumé, la voix grêle d'un jeune garçon dont on ne voyait qu'un bout de nez rouge et des yeux larmoyants de froid. Il voulait causer, le jeune homme, et moi, enchanté de l'aubaine, je répondis : « Mais c'est que le Rhône est dur à la remonte, et les palettes des roues battent l'eau péniblement. » Le ton connaisseur et assuré dont j'avais dit cela me valut un regard étonné et ces quelques mots d'un autre garçonnet, frère du premier, à peu près de son âge, qui s'était approché de nous :

« Oh! vous avez l'air de vous connaître aux choses de marine. Seriez-vous par hasard?... »

LES VOYAGEURS ATTENDAIENT.

Je lui coupe la parole et réponds : « Je sors de l'École navale de Varna, avec mon jeune cousin Léonce. »

D'où diable cette réponse m'était-elle venue ? Qui me l'avait soufflée ? Était-ce ce grand soleil apoplectique, qui dégageait sa face des brumes roses du matin ? Était-ce toi, grand mistral, qui m'enivrais de toutes les odeurs d'herbe et d'eau que tu portes, que tu secoues de tes grandes ailes ? Était-ce l'atmosphère tarasconnaise où couvait l'âme de Tartarin ? Qui le sait ? Ce qu'il y a, c'est que ces paroles furent dites, et qu'à peine prononcées, il fallut en ajouter d'autres, non moins fausses, non moins dangereuses et compromettantes, pris comme je l'étais dans l'engrenage irrésistible du mensonge.

« Vous venez de Varna, mon officier ? » me dit respectueusement un soldat qui m'avait entendu, « eh bien ! moi, j'arrive de Gallipoli. »

Sans m'émouvoir autrement, je m'écriai en riant, comme si j'entendais parler d'une

vieille connaissance : « Ah Gallip ! Gallip !... »
et pour donner plus de certitude à mon excla-
mation, j'ajoutai en me tournant vers mon
cousin : « Tu te rappelles, Léonce, on s'en
est payé une bosse dans ce pays-là ! »

Léonce, après une seconde d'hésitation et
les yeux virant de stupeur, répondit brave-
ment : « Si je me rappelle ! si je me souviens !... »

Et près de nous, les deux voix des jeunes
garçonnets murmurèrent à l'unisson, sur un
ton d'admiration et d'envie : « Oh ! de ces
mostres !... »

En m'entendant appeler « mon officier »,
j'avais eu un mouvement de fierté, mais le
chuchotement de mes deux admirateurs
m'enorgueillit encore plus, et cette excla-
mation, « Oh ! de ces *mostres* ! » toute locale,
dont ils me poursuivirent le long de la
route, fut pour ma vanité enfantine un coup
d'éperon qui, chaque fois, m'excitait davan-
tage, m'emportait à toute bride dans le mensonge et les inventions.

LE DERNIER BARIL D'HUILE.

Tout à coup un beuglement de sirène
sonna le long des pierres de la rive, ces
grosses pierres de taille préservatrices des
inondations, un halètement de machines, un
battement de palettes se firent entendre et,
dans un tourbillon de fumée noire, le *Bonnardelle*, ainsi s'appelait le bateau, du nom
des fondateurs de la Compagnie, vint se ran-
ger au quai solide qui protège Beaucaire
contre les colères redoutables et farouches
de son terrible voisin.

Les portefaix interrompent leur partie de
bouchon, les douaniers se précipitent ; des
colis, des tonneaux de vins, des ballots de
marchandises, des caisses de toutes les di-
mensions qui attendaient empilées sur le
quai sont transbordées dans la cale du navire à grands renforts de muscles et de cris,
car nous sommes dans un Midi turbulent,
violent et loquace. Quant aux pauvres voyageurs, personne ne s'occupe d'eux et on ne
leur permet de passer sur le navire que
lorsque le dernier baril d'huile, la dernière

futaille ont été bien mis en place et solide-
ment arrimés.

Alphonse prend la tête, impatient. Les
voyageurs murmurent, seulement ce sont les
humbles, des soldats, des femmes, des enfants.

A la fin, pressé et fier de la lettre que
j'ai dans ma poche, de ma prétendue autorité
d'officier, je m'élance sur le pont suivi de
Léonce et des deux petits Montpellierains,
les garçonnets de tout à l'heure, des militaires, et dans le va-et-vient, le tumulte, je
me mets à chercher le capitaine. J'avais dans
la tête un type de capitaine, à la suite de mes
lectures et de mes conversations avec le
mousse du lycée, soit en tenue de combat,
le tricorne en bataille, le sabre au côté, le
porte-voix à la main, ou, par une nuit de
tempête, avec le surroit sous lequel on entre-
voit les dorures de la casquette, attachée
au menton. Mais à bord du *Bonnardelle*,
rien de semblable ; les matelots eux-mêmes
n'avaient ni vestes bleues, ni grands cols, à

C'ÉTAIT ÇA LE CAPITAINE, ET C'EST CETTE CASQUETTE
QUE JE VOIS, LISANT....

5.

peine des vareuses de futaine, et tous plutôt
l'air de garçons de peine, de commission-
naires roulant des tonneaux. Ceux auxquels
je m'adressais pour leur demander le capitaine ne me répondaient même pas, tout
affairés à leur arrimage. Un d'eux pourtant,
impatienté, pour se débarrasser de moi,
s'écria : « Qui, le capitaine? Quel capitaine?
Le père Reboul? Mais le voilà, tenez, le
capitaine, ce gros vieux avec une casquette. »

Et quelle casquette! Il fallait du reste
qu'elle fût bien extraordinaire, car de tout
le personnage, c'est la seule chose dont je
me souvienne; ronde, énorme, en peau de
lapin, rousse, délavée, avec des oreillettes
qui se rabattaient jusqu'au menton. C'était
ça, le capitaine?

Et c'est cette casquette que je vois lisant
à la hâte ma lettre de recommandation, c'est
cette casquette que j'entends me dire d'une
voix enrouée et commune, et sur un ton de
dédain, le ton d'un absolu je-m'en-fiche :
« Descendez dans le salon des premières.

Débarrassez le pont. » Heureusement les soldats étaient loin et n'entendirent pas traiter leur officier avec cette désinvolture.

· « Débarrassez le pont! »

Avec ça que c'était commode de débarrasser le pont. De quelle façon s'y prendre? Sauter à l'eau, ou bien filer dans la soute à charbon avec les paniers pleins d'huile que l'on descendait. Le diable, c'est que pas plus mon cousin que moi, nous n'avions jamais mis le pied sur un bateau grand ou petit, à voiles, à vapeur, ni même à rames. Notre connaissance n'en venait que de nos lectures. Tout était nouveau pour nous sur ces planches humides, jusqu'aux balancements du Rhône, fouetté par le mistral et clapotant contre les pierres de la digue, faisant tout danser, tout trembler. Nous eûmes une minute de désarroi, une, pas plus. Je me souvins d'avoir lu dans mes livres maritimes que les passagers un peu bien, un peu chics, se tenaient sur le gaillard d'arrière. « Arrive, dis-je à mon cousin, à la première écoutille

ouverte nous descendrons dans le salon. »
Les écoutilles, encore un mot qui me reve-
nait des Robinsons.

« Oh de ce *mostre*! » fit une voix claire,
enfantine, derrière moi. Les deux petits de
Montpellier nous avaient suivis et leur cri
d'admiration me vint à propos donner du
courage et de l'assurance. « Qu'est-ce que
cela, une écoutille? » demanda l'un d'eux à
Léonce. Comme il était fort embarrassé pour
répondre, ce qui eût semblé singulier d'un
élève de la marine, je me hâtai de répliquer
pour lui que les écoutilles étaient des ou-
vertures quadrangulaires faisant communiquer le pont avec le dessous.

Juste à ce moment se dressait devant
nous comme une fenêtre de mansarde ouverte sur un toit. Ça devait être çà. Je me
penchai, l'escalier des premières n'était ni
facile, ni élégant : une échelle presque droite
s'enfonçait dans un trou noir sentant la fumée.
Comment les dames descendaient-elles par là ?
Je me hasardai pourtant, gêné par ma cou-

verture, ma valise; Léonce portait le panier
à provisions. Assez effrayé, mais obligé de
me suivre, par sa vanité et par notre commune profession d'officiers de marine, ses
pieds m'écrasaient les doigts et précipitaient
ma descente. Les petits de Montpellier n'a-
vaient pas osé se risquer dans cette aventure
et, en relevant la tête, je voyais penchés sur
le trou noir leurs fronts ingénus et tondus,
leurs yeux et leurs bouches en rond, pendant
que je poussais une petite porte.

Je me trouvai dans une sorte d'office aux
tables et aux murs encrassés, où s'agitaient
deux ou trois marmitons avec des toques
blanches et des vestons blancs, d'un blanc
qui aurait traîné huit jours dans la soute au
charbon. Et comme je demandais le salon des
premières, l'un d'eux me répondit : « Venez
par ici, je vais vous conduire dans les premières, les deuxièmes et les troisièmes si
vous voulez », voulant dire ainsi que parler
des premières dans un bateau de cette sorte
était d'une naïveté bien pardonnable à mon

âge. Dans la cuisine que nous traversâmes, des quartiers de viande, des paniers de légumes et ces pains énormes que les Lyonnais appellent des « Couronnes », ronds et creux comme des couronnes funèbres. Un panneau poussé, et j'arrivai dans une vaste pièce avec des divans en cuir de chaque côté et, au milieu, une longue table flanquée de bancs étroits. A notre arrivée, quelque silhouettes humaines étendues sur le divan de droite s'agitèrent comme sorties du sommeil. Un long monsieur maigre à barbe rouge, avec un foulard bleu noué en serre-tête à deux pointes au-dessus du front, se dressa sur son séant, me regarda un instant, puis ayant dit quelques mots dans une langue inconnue à deux ou trois jeunes garçons coiffés du même foulard, se recoucha avec un haussement d'épaules qui semblait signifier : « J'en ai assez vu. Cela ne vaut pas la peine de se déranger plus longtemps. » Ce qu'il dit ensuite devait être drôle, car pendant quelques instants, les deux ou trois gar-

çons se roulèrent en riant sur leur lit improvisé, à ma grande vexation. Ce que l'on ne
comprend pas semble toujours plus mali-
cieux, plus mordant, et Léonce comme moi
nous sentîmes d'instinct que nous avions là
toute une pochée de vipères, d'ennemis sans
pitié.

Très dignes, dressés sur nos ergots comme
deux jeunes coqs, nous allâmes nous asseoir
sur le divan d'en face. Celui-ci aussi était oc-
cupé, car de petits cris nous accueillirent, et
apparurent, émergeant de dessous un tas de
couvertures, deux aimables figures de femmes encore jeunes, en noir, en fanchons de
dentelles, aux yeux bleus, aux cheveux légers
et frisottants au-dessus de deux petits nez
très courts, très gais. Ce qu'étaient ces deux
dames, nous le sûmes tout de suite par leurs
propos.

C'étaient deux Lyonnaises, deux belles-
sœurs mariées chacune à un chef d'atelier de
la Compagnie maritime. Elles venaient de
passer quelques jours chez un parent, un

QUELQUES SILHOUETTES HUMAINES ÉTENDUES SUR LE DIVAN.

ingénieur, à la Tour Saint-Louis, et, parties
de là pour se rendre à Lyon, rejoindre leurs

familles, elles étaient arrivées à Arles la
veille au soir et, le *Bonnardelle* ne marchant pas la nuit, pour s'épargner la dépense
de l'hôtel, elles avaient couché sur le bateau,
dans le salon des « premières ». Elles se plai-

gnaient d'être traitées à bord plus mal que
des colis, accusaient le capitaine Reboul, le
traitaient de sauvage, et le monsieur Anglais
en face d'elles d'homme fort mal élevé ainsi
que ses enfants, baragouinant tout le temps
et ne leur adressant pas plus la parole qu'à
des chiens. Aussi ce qu'elles étaient heureu-
ses de voir arriver de nouveaux compagnons
et des Français, au moins, ceux-là ! Tout
ceci chuchoté dans le demi-jour, pendant que
le *Bonnardelle* se détachait du rivage, battant le fleuve avec les palettes de sa roue, que
les ferrures geignaient, que les bois craquaient, et que par les hublots embrouillés
on voyait s'éloigner la jetée blanche.

Je rendais à ces dames, durant ce temps,
confidence pour confidence; je leur appris
que nous irions avec elles jusqu'à Lyon, et
comme elles s'étonnaient de nous voir voyager si jeunes et tout seuls, je leur déclarai
avec un sourire supérieur que nous sortions
de l'École de marine de Varna, en congé de
santé, et que sitôt rétablis nous irions, mon

LES DEUX LYONNAISES.

cousin et moi, prendre du service jusqu'à la
fin de la guerre. Vous pensez si les deux
Lyonnaises nous regardaient avec des yeux
étonnés, écarquillés d'admiration. « Presque
des enfants ! et déjà officiers ! à la veille de
se battre ! » Leurs yeux bleus disaient tout
cela et signifiaient bien d'autres choses encore. Je m'animais en parlant, prenant le
cousin à témoin, m'excitant surtout devant
les sourires d'incrédulité de l'Anglais, de
l'ennemi qui m'écoutait tout en défublant
sa coiffure de nuit. Est-ce que ce malotru
n'eut pas l'aplomb de me demander, tout à
coup, par-dessus la table, dans un français
très correct mais avec l'accent de son pays :
« Ah ça ! pourriez-vous me dire monsieur,
à quel âge la marine française recrute ses
officiers ? »

Ici, j'aurais pu placer un mot héroïque, une
de ces réponses grandioses qui vous envoient
un homme à la postérité. Mais non, la sincé-
rité m'oblige à dire que je ne me souviens
pas de ma riposte à cet insolent interlocuteur.

Il est probable que je suis resté court, et
c'est ce que j'avais de mieux à faire. Par
exemple, je vois très nette, à l'entrée du
salon, l'apparition de maître Reboul, le capitaine, ayant enfin pris connaissance de la
lettre de mes parents, pour lesquels il avait
un très grand respect, et venant s'excuser de
la façon dont il m'avait reçu. Il me donna de
grandes poignées de main, de ces poignées
de main d'homme à homme, qui vous cassent
les os, surtout quand on ne les a pas très
solides, comme moi à cette époque. Il me dit
de me considérer sur son bord comme chez
moi. Puis, regardant autour de nous dans le
salon, il ajouta que si nous étions trop mal
pour dormir pendant les trois ou quatre jours
du voyage, il nous offrait la moitié de sa ca-
bine, la seule qui fût habitable à bord.

Je le remerciai en l'assurant que mon cousin et moi étions habitués à coucher sur la
dure, et je le raccompagnai jusqu'à la porte
du salon, ravi de la considération dont ses
paroles venaient de m'auréoler aux yeux des

dames lyonnaises et surtout aux regards de mes ennemis, tout à coup empreints d'un certain respect.

IV

Victor Hugo a écrit dans sa jeunesse un beau livre historique et légendaire intitulé *Le Rhin,* dans lequel il fait revivre les vieilles pierres des bourgs féodaux qui mirent leurs ruines grandioses dans les flots du grand fleuve vert.

Un livre qui s'intitulerait *Le Rhône* et raconterait la remontée du fleuve à petites jour-

nées, car à la descente le flot impétueux,
poussé par le mistral, vous emporte trop vite
et vous empêche de rien voir, ce livre serait
pour le moins aussi pittoresque et suggestif
à écrire. Je pourrais peut-être m'en charger,
mais pour cela il faudrait refaire le voyage.
Non pas que dans ce temps mes yeux ne fus-
sent encore ouverts à la nature, ni mes nerfs
assez subtils, assez prenants pour s'accro-
cher aux choses, capables d'être heureux
ou de souffrir par elles, car j'étais artiste
déjà et sensitif comme tous les artistes,
j'ai des souvenirs encore plus lointains que
ceux-là.

Ainsi, presqu'un demi-siècle, vous enten-
dez, un demi-siècle me sépare d'une fin de
journée historique où, perdu par la bonne,
qui sortait toujours avec moi, je dus traver-
ser ma ville natale et rentrer seul à la fabrique, la fabrique du *Petit Chose*. J'avais cinq
ans alors, et tout m'est resté de cet angois-
sant retour : la retraite militaire dont les
tambours battaient mélancoliquement au loin-

UN GRAND FEU DE FORGE.

tain, un grand feu de forge flambant dans le
bleu mourant d'un crépuscule d'été, et mes
petites jambes qui se hâtaient en tremblant,
talonnées par la peur et par la nuit mena-
çante. Puis ma joie folle en apercevant les
longs murs blancs de notre maison qui se
profilaient tout au bout du chemin d'Avignon ; si vive, si éperdue, cette joie d'enfant,
que je me vois grimpant d'un bond les trois
marches de la porte d'entrée, me hissant jus
qu'au heurtoir que ma petite taille pouvait à
peine atteindre et, dans mon ivresse, appuyant
mes lèvres avec ferveur sur le bois dur et
brûlant de cette porte comme sur un visage
aimé enfin retrouvé, quand je l'avais cru perdu
pour toujours ! Si ma sensibilité vibrait à ce
point dans ma petite enfance, il est bien singulier qu'aussi peu de choses me soient restées du merveilleux voyage sur le Rhône ac-
compli huit ou neuf ans plus tard. Je puis
m'expliquer cela seulement par la préoccu-
pation où j'étais de mon rôle d'aspirant de
marine, par l'abdication de ma personnalité

propre au
profit de celle
d'un jeune midshipman
de Varna.

Oh! mignons remparts
d'Avignon la ville sonnante,
murailles géantes du château des Papes,
toutes croustillantes de soleil, vieux pont
légendaire de Saint-Bénezet dont restent
debout seulement deux ou trois arches, et
vous tous, donjons effrités mirant dans le
flot bleu vos créneaux en dentelles, aires
ruinées à la cime des rochers riverains, château de l'Air, tour de Châteauneuf, débris
moyenageux de la Roche-d'Aiglan, comment

ME HISSANT JUSQU'AU HEURTOIR.

ont pu rester inaperçues vos formes admirables ! pardonnez-moi d'avoir passé devant vous sans vous voir, ne songeant, au lieu d'éveiller les échos des belles chansons des Cours d'Amour, ou des grands coups d'estoc endormis dans vos pierres brûlées, ne songeant qu'à imiter la démarche du vieux loup de mer aux épaules roulantes, aux jambes écartées, et l'intonation délicieusement canaille avec laquelle mon ami Taine disait en parlant de son métier de matelot :

« Trop de bouillon pour si peu de viande : »

Rien qu'en vous répétant cette phrase, m'apparaît le petit bonhomme étrangement comique que j'étais dans la peau de ce personnage improvisé, avec mes membres frêles et délicats d'enfant qui n'a pas encore quitté la maison et dont la cravate a toujours été nouée par les doigts de la maman, ce petit homme s'essayant à cracher loin, à jurer, se condamnant à une gymnastique très dangereuse, marchant sur les plats bords du bateau, allant s'allonger sur le fer d'une grosse

ancre de marine, à la pointe extrême de l'arrière, au risque de tomber à l'eau à la moindre secousse imprévue et de se noyer infail-
liblement, car les remous du Rhône sont
d'une violence dangereuse.

« Oh de ce *mostre* ! »

Les petits Montpelliérains que j'avais re-
trouvés sur le pont et qui ne nous quittaient
plus, Léonce et moi, étaient pour beaucoup
dans mes extravagances, avec leur cri de
gobe-mouche. Mais quel bon public, crédule
et enthousiaste, me faisaient tous ces artilleurs, soldats du train, zouaves, lignards,
chasseurs de Vincennes, groupés autour de
moi sur le gaillard d'avant où nous passions
nos journées, riant à toutes mes histoires,
avalant mes bourdes les plus extraordinaires
sans s'apercevoir qu'ils me fournissaient eux-
mêmes les éléments de mes aventures, qu'ils
documentaient mes mensonges. J'avais comme
première mise de fonds à mon petit commerce
de blagues, les détails fournis par le camarade Taine, une topographie suffisante de

LE RHONE VU DES JARDINS DU CHATEAU DES PAPES, A AVIGNON.

Varna, de Gallipoli, trois ou quatre cli-
chés sur le Bosphore et la Corne-d'Or;
c'était un peu court comme renseignements
et couleur locale, mais, à chaque instant je
m'enrichissais dans la causerie autour de
moi.

« Dites-donc, mon officier, me disait un ar-
tilleur hâve et grelottant encore la fièvre,
puisque vous étiez à Gallipoli à ces mo-
ments-là, vous vous êtes trouvé avec Canrobert.

— Ah! oui, Canrobert. Un grand brun tout
chauve!

— Mais non, un petit blond avec des moustaches blondes, avec des grands cheveux,
comme il n'y a que lui qui en porte dans
toute l'armée.

— Ah! oui, oui, oui, des grands cheveux,
des moustaches blondes, parfaitement... », et
voilà mon répertoire enrichi d'un Canrobert
superbe avec qui j'avais des conversations,
de qui je tenais des confidences, je ne vous
dis que cela.

Ici, je dois faire un aveu ; si bien disposé
que fût mon auditoire, par sa naïveté, sa
simplicité naturelles, j'avais cru devoir, pareil aux plus grands comédiens, me consti-
tuer dans ce public déjà si chaud une claque
composée de quelques fanatiques auxquels je
graissais la patte en dessous. Et voici comment : en quittant Beaucaire, au tout petit
matin, le père ou la mère Toustain, je ne sais
lequel, nous avait mis dans les mains un panier ficelé, lourd comme une bourriche, en
disant : « Voyez-vous, monsieur Alphonse,
sur le *Bonnardelle*, il y a bien une cuisine et
même un cuisinier, mais la cuisine est si sale
et le cuisinier si cher que je vous engage à
vous en passer le plus possible. Prenez-leur
du pain, du vin, quelque chose de chaud, le
matin, si vous voulez, mais pour le reste de
la route, vous trouverez ici dedans tout ce
qu'il vous faudra. Et, en effet, les braves gens
avaient bourré le panier de saucissons d'Arles,
de boîtes de thon et d'anchois, d'olives noires
ou à la picholine, avec des poivrons verts,

AU RISQUE DE TOMBER DANS LE TOURBILLON DU RHONE.

des amandes, des figues, des passerilles,
toutes ces menues friandises méridionales
qui régalent un peuple plus curieux de gourmandise qu'avide de nourriture.

J'appréciais comme il faut ces repas sans
viande, ces hors-d'œuvre excitants et légers,
mais ma vanité l'emportant sur mes goûts
naturels, je préférai me faire servir au salon
les abominables ratatouilles du Coq, — oh!
le hideux patissier-charbonnier, dont on voyait
les mains noires essuyées sur les blancheurs
douteuses de sa veste, semblables à cette main
de Mahomet que j'avais contemplée sur les
étendards des Turcs, là-bas, à Varna, à Gallipoli !

A ces repas, les dames de Lyon ne refu-
saient jamais de prendre part. Quant aux provisions du panier, je les distribuais, matin et
soir, sur le gaillard d'avant, et m'assurais ainsi
chaque jour de nouveaux amis et admirateurs,
une claque fidèle, prête à souligner de rires et
de bravos toutes les fantaisies les plus bizarres
de mon imagination, car il ne faut pas que

vous vous y trompiez, mon mensonge n'avait
rien de pervers ni d'utilitaire, j'étais surtout
menteur par imagination, le besoin de faire
vivre et gesticuler tous mes rêves de gamin.
J'avais fini par me tromper moi-même et par
me figurer que j'étais cet aspirant que j'aurais tant voulu être ! Du reste, ce qui doit
rendre le lecteur indulgent pour mes inventions et mes fanfaronnades, c'est qu'elles ont
été punies tout le temps, et que, pas un
jour de ma traversée, qui en comprit quatre.
en tout, n'a fini sans que j'aie reçu quelque
châtiment mérité, quelque mistoufle exem-
plaire.

Il me revient tout juste à l'esprit quatre
aventures, quatre épisodes néfastes que je vais
vous raconter, en toute franchise, dont je ga-
rantis l'authenticité, et qui se détachent en
lumière vive sur le brouillard, sur l'obscurité
lointaine de ma mémoire.

V

Premier épisode. — Où était-ce?Impossible de me souvenir de l'endroit, de son nom, ni de sa topographie. Je sais seulement que nous étions encore dans le Midi, car la nuit était chaude et le ciel d'une limpidité, d'un bleu profond, criblé d'innombrables étoiles. En outre, le rivage présentait des coteaux de vignes mais de vignes taillées bas comme chez nous, et des plants de figuiers qu'on ne trouve plus au-dessus d'une certaine zone. Le *Bonnardelle* s'était rangé au quai, le soir venu, car la navigation du Rhône, avec son courant farouche, ses passes innombrables et dangereuses, est impraticable de nuit. Toute liberté était laissée aux voyageurs de descendre à terre, à la condition de se retrouver à bord vers cinq heures du matin pour le départ.

Fatigué de toujours parler, de raconter les aventures de mer dont ma mémoire enfantine

était bourrée, j'avais entraîné dans les champs
avec moi tout mon auditoire habituel d'artilleurs, de zouaves, de chasseurs de Vincennes.
C'étaient des gens du Nord pour qui tout
semblait nouveau dans le pays, la façon de
faire les meules, de semer, de traiter la vigne.
Ils avaient pourtant traversé ces plaines pour
aller là-bas, vers la Crimée, en chemin de fer,
avec leurs pauvres yeux de Dumanet qui ne
voient rien, qui ne regardent rien et rappor-
tent d'un voyage autour du monde seulement
des souvenirs de jours de « bloc », de « ra-
biot », ou de quelque malaise à l'hôpital. Il
n'est pas étonnant de leur entendre tenir des
propos tels que ceux-ci : « A Jérusalem, il y
avait un nommé Bidoux qui a pris la cuillère
du sergent et ne l'a rendue qu'à Jaffa, ce qui
a fait des affaires. — A Gallipoli, le capitaine
m'a flanqué trois jours de consigne. » Ou
bien ils écrivaient ainsi :

Constantinople, 2 septembre. — Bivouaqué tout le jour devant la mosquée de Sainte-
Sophie. C'est Brevet qui était de semaine.

Mangé un rata de mouton aux fayots et aux tomates. Épatant !

Damas, 6 octobre. — De grand'garde dans les lauriers roses. Perdu ma brosse à cirage. Deux jours de bloc..., et ainsi de suite.

Donc, un soir, pendant que deux hommes de quart veillaient sur le pont éclairé d'un énorme fanal rouge, jusqu'à cinq heures du matin où la cloche placée à l'avant du bateau sonnait l'embarquement et le départ, j'avais entraîné toute ma suite de chasseurs de Vincennes, d'artilleurs et de zouaves dans une aventureuse expédition que je qualifiais, à l'Algérienne, du nom de « razzia » et qui avait pour but de faire savourer à mes pauvres troupiers convalescents ces grappes noires, énormes, comme un pays de Chanaan, ces figues, ces jujubes, dont les longues baies rouges dansent dans la pâle verdure des branches, et qui excitaient leur envie fiévreuse et leur imagination décuplée par ma verve méridionale.

Je ne sais combien dura notre expédition, à quelle heure fut le départ, à quelle heure le

retour: J'ai seulement le souvenir d'un clo-
cher invisible sonnant au lointain et de quelques lumières qui clignotaient devant nous sur
la hauteur, subitement éteintes. Tout dormait.
De temps en temps, un appel de chouette, un
caillou roulant sous nos pieds dans les chemins montants et ravinés, ou encore le rire
étouffé de l'un de nos compagnons, auxquels
j'avais recommandé le plus absolu silence,
moi, le chef.

Le chapeau sur l'oreille, un souple et cin-
glant cep de vigne à la main en signe de com-
mandement, je marchais à la tête de la troupe ;
Léonce, près de moi, suivait un peu en arrière, silencieux et léger comme mon ombre.
Étrange, ce petit Léonce. Ardent, hardi, prêt à
partager toutes mes folies, toutes mes fantaisies, il gardait en toute occasion, dans la pâ-
leur de sa jolie figure, aux yeux de fièvre, ce
mystérieux sourire en coin, d'une amertume,
d'une mélancolie de pressentiment si singu-
lière! Oh ! qu'il m'a troublé et intrigué longtemps ce sourire de mon ami, jusqu'au jour

BIVOUAQUÉ TOUT LE JOUR DEVANT LA MOSQUÉE DE SAINTE-SOPHIE.

où il me fut permis de le comprendre — mai
nous ne sommes pas encore à ce jour sinistre.
Sachez seulement que si je ne parle pas plus
souvent de ce gentil compagnon, c'est un peu
sa faute. Lui, non plus, ne parlait guère : il
appartenait à cette race de méridionaux silencieux que j'ai déjà signalée, plus impétueux,
plus violents, plus mobiles encore que tous les
autres, parce qu'ils n'ont pas l'éloquence pour
exutoire, pour soupape de sûreté. D'une imagination dévorante, les rêves, les projets in-
sensés que mon cousin Léonce ruminait sans
cesse, même à cet âge, ne se trahissaient que
par un geste, un mot, jeté brusquement et dont
il ne donnait jamais l'explication. Je me rappelle qu'une nuit, au cours de notre beau
voyage vers Lyon, étendus sur le pont tous
les deux, nos fronts levés au ciel, nos mains
croisées derrière la tête, je l'entendis murmurer à mi-voix, comme en extase : « Oh ! les
îles Borromées... » Tout de suite, je crus voir
les étoiles s'enfler, s'allonger, ruisseler en
larmes, sans que j'aie su pourquoi, pas plus

qu'il ne savait lui-même comment lui venait cet appel aux îles embaumées des lacs italiens.

Par exemple, la nuit de notre expédition, ni Léonce ni moi n'étions dans des dispositions assez poétiques pour nous émouvoir de si peu. Nous avions l'un et l'autre des âmes et des tournures de forbans, de vrais forbans, suivis d'autres forbans que nous menions à l'assaut des vignes, à la conquête des figuiers.

« Des muscats, mes enfants, ce sont des muscats », m'écriai-je tout à coup, en me relevant, une grappe dans chaque main, et je n'avais pas fini ma phrase que toute la vigne était ravagée comme si un nuage de sauterelles venait de crever dessus. On entendait dans l'ombre des exclamations étranglées : « Maladie, que c'est bon !... quel sucre ! » et les grains savoureux et durs qui craquaient sous la dent ! Plus loin, Léonce, grimpé sur un figuier, jetait dans les képis et les chéchias (bonnets rouges des zouaves) tendus vers lui des poignées de grosses figues à chairs saignantes dont nos troupiers ne se rassasiaient pas, mais auxquelles nous autres du Midi nous préférions les figues blanquettes et les bourgassots, toutes petites et juteuses, vrais sachets de soleil dans leur peau fripée et fine comme de la peau de Suède.

« Mais où les trouve-t-on ces figues merveilleuses que vous dites, mon officier?... Il n'y en a donc pas par ici? »

Juste au moment où l'un de mes zouzous

me jetait cette question, nous longions un
vieux mur décrépit, tout mangé d'herbes et
de ronces, dont la crête, éboulée çà et là, laissait voir dans une cour de mas, au sol battu,
de ces grandes claies de roseaux, que nos
paysans appellent des canisses et sur les-
quelles séchaient des milliers de blanquettes
pour l'hiver. D'un geste de mon cep de vigne
je les montrai aux zouaves et, joignant l'ac-
tion à la parole, je sautai par-dessus le mur
avec ce cri : « A l'abordage ! » Jour de Dieu,
quelle pillerie ! On s'emplissait les mains, les
bouches, les képis, les poches. Soudain, les
flammes jaunes de deux ou trois falots se
balançant tout près de terre trouèrent l'ombre profonde de la cour, en même temps que
des voix furieuses nous menaçaient et excitaient contre nous deux grands chiens de
montagne aboyants et bondissants !

Il fallait voir l'officier de marine sauter par-
dessus la muraille, tous les troupiers sur ses
talons ! L'obscurité, l'inconnu des chemins
nous gênaient pour courir ; et si l'ennemi ne

MALADIE, QUE C'EST BON!...

nous mit pas la main dessus tout de suite,
c'est qu'il nous devina trop nombreux et
qu'averti du rapatriement des soldats par le
Bonnardelle, il savait toujours où nous prendre, le lendemain matin.

A bord, quand nous rentrâmes haletants
et suants, les feux étaient éteints, tout le
monde endormi, excepté les deux hommes de
quart et les deux petits Montpelliérains qui
n'ayant osé nous accompagner, par caponne-
rie, épiaient notre retour, avec un vague espoir de catastrophe. « Oh! de ces *mostres!*
de ces *mostres!*... » disaient à l'unisson
leurs voix naïvement envieuses, pendant que
je leur chuchotais dans un coin obscur du
salon le récit déjà très enjolivé de nos aventures et que nous entendions les troupiers
rentrer les uns après les autres en s'esclaf-
fant, gagner l'avant sur la pointe du pied,
comme des écoliers qui se glissent dans le
dortoir après une escapade nocturne.... Mais
notre réveil le lendemain, bon Dieu! A cinq
heures, encore enveloppée des brumes blan-

ches du fleuve, la cloche avait sonné ainsi
que d'habitude. Les yeux entr'ouverts une

minute, je me disposais à les refermer en
écoutant les dernières vibrations sonores sur
le tremplin de l'eau courante, et songeais en
moi-même avec délices : « Tu as encore

FIGUES A CHAIRS SAIGNANTES DONT NOS TROUPIERS.

deux bonnes heures de sommeil devant toi...»,
lorsque, à ma grande surprise, le *Bonnardelle*,
au lieu de quitter le rivage, sitôt le dernier
coup, se tint immobile au ras du quai. Des
pas couraient sur le pont, des éclats de voix
irritées, brutales m'arrivaient à travers les
cloisons. Que se passait-il donc? Ces voix
vengeresses, il me semblait déjà les avoir
entendues, il n'y avait pas longtemps, tout
au bout d'une grande cour noire. Sans doute
les voleurs de figues étaient découverts et
l'on venait leur réclamer le prix d'un nombre
incalculable de *bourgassots*. Je n'en doutai
plus quand par la porte du salon entre-bâillée
un homme jeta mon nom. Le capitaine Ré-
boul me priait de venir lui parler tout de
suite. Pas commode, le capitaine! Encore
plus brutal, sauvage qu'à notre dernière ren-
contre. De sa casquette en peau de lapin aux
oreilles rabattues, jaillissaient les flèches de
ses petits yeux, sa barbe rousse, toute re-
troussée, et d'épouvantables jurons en langue marseillaise. A force de crier, sa voix

n'était plus qu'un râle. Mais plus impression-
nantes encore que sa colère m'apparaissaient
les mines blafardes, chassieuses et piteuses
de ces malheureux troupiers, brusquement
arrachés au sommeil pour comparaître en
face de cet énergumène et subir les revendi-
cations d'un garde champêtre, avec plaque,
sabre et képi galonné, venant réclamer justice
au nom de sa commune mise à sac.

Me voyant émerger à mi-corps de l'écoutille, le père Reboul se tourna vers moi vio-
lemment.

« Ah! vous voilà, vous.... Alors c'est vous
qu'ils appellent l'officier?... Officier de quoi,
Je vous demande... Eh bien, il est propre l'officier!... Abuser de la naïveté de ces pauvres
diables pour leur faire croire que les figues,
les raisins, les jujubes, les grenades sont à la
disposition du premier passant venu. Si ce
n'est pas honteux!... Vous savez que je viens
d'en payer pour vingt-deux francs cinquante
centimes, et encore le brave Mitifio, dit Pistolet, que je connais depuis l'enfance, m'a

C'EST ÉGAL.... SI VOUS AVEZ PRIS LE BATEAU DU RHÔNE
PAR ÉCONOMIE

passé la chose au meilleur compte.... Vingt-
deux francs cinquante centimes, vous enten-
dez ! vingt-deux francs cinquante !... »

L'élève de Varna releva la tête et portant
fièrement la main à son gilet :

« Je ne demande qu'à vous rembourser,
monsieur le capitaine.'

— Je n'en doute pas, jeune homme », dit
le père Reboul, subitement radouci, car il
avait craint un moment de ne pas rentrer
dans ses fonds, les passagers des « premières » à bord du *Bonnardelle* n'étant en
général guère plus argentés que ceux du
pont.

« C'est égal, ajouta-t-il d'un ton de bla-
gue, si vous avez pris le bateau du Rhône
par économie, avec quelques soirées de ce
genre, votre place risque de vous coûter plus
cher qu'un wagon. »

Au fond, j'étais tout à fait de son avis, moi
qui savais combien mes chers parents avaient
dû faire effort pour mettre quelques louis
dans ma poche. Mais comment convenir d'une

pareille détresse devant les Montpelliérains,
les deux Lyonnaises, l'Anglais et ses pous-
sins, tous curieusement échelonnés autour de
moi sur les marches étroites de l'escalier du
salon. Vanité des vanités ! Dire que pour entendre encore les murmures d'admiration
dont les militaires avaient salué au passage
les vingt-deux francs cinquante centimes et le
geste emphatique qui les tendait au capitaine,
j'en aurais, je crois bien, donné deux fois
autant.

Soudain, l'avant sonna un second coup, le
bon, celui-là. La sirène mugit. Des paquets
d'écume blanche tourbillonnèrent sous les
roues du navire « Zou ! En route ! » cria la
voix enrouée du capitaine : et le village s'éloigna rapetissé, emportant ses champs de mûriers et d'arbres à fruits déjà tout embrasés
de soleil, tout secoués de la crécelle des ciga-
les, sous la garde de Pistolet qui remontait
un petit chemin entre les vignes, le dos
courbé, le pas allègre, faisant sonner mon
argent dans ses deux mains.

SOUS LA GARDE DE PISTOLET QUI REMONTAIT UN PETIT CHEMIN.

II

IV

(Suite)

Deuxième épisode :
Encore un épisode
de nuit et dans un ca-
dre aussi vague que
le premier. Seule-
ment, il me semble que le rivage est en

pierre rouge, et que de grands bateaux qu'on
charge de cette pierre s'alignent au bord du
Rhône, empêchant le *Bonnardelle* d'appro-
cher. Pour descendre à terre, nous traver-
sons de longues planches jetées sur ces
bateaux. J'ai aussi la sensation que nous ne
sommes plus dans le Midi ; la soirée est plus
fraîche, le bleu de la nuit moins profond, et
mon héroïne, car dans cet épisode j'ai une
héroïne, n'a plus le hennin provençal au
sommet de la tête ni la coiffe contadine à trois
pièces, que portait Laure de Noves, la Laure
de Pétrarque et qu'on retrouve à Orange, au
Pont-Saint-Esprit et jusqu'à Montélimar.
Quelle coiffure avait-elle donc sur ses cheveux noirs, la jolie fille qui servait à l'auberge où l'aspirant de marine entrait un
soir suivi de sa bande accoutumée? Après
des années et des années, je le revois, ce
petit bonnet d'indienne, avec les deux brides
flottant en banderoles derrière la svelte et
vive créature au teint de bistre, au cou décou-
vert, à la taille élégante des filles de la

CARRIERS ET MARINIERS DONT LES FACES HALÉES...

II.

vallée du Rhône. Je revois aussi la salle
basse, pleine de carriers et de mariniers dont
les faces hâlées s'éclairaient en-dessous de
chandelles fumeuses à même les tables
empoissées. A l'entrée des pantalons rouges,
commandés par ce drôle de petit homme, le
chapeau casseur sur l'oreille, son cache-nez
en bandoulière, les carriers, race violente et
dure, commencèrent à grogner, à s'étaler sur
les bancs pour nous empêcher de nous
asseoir, mais les mariniers nous firent place.

Il n'y a pas de meilleurs garçons que ces
mariniers du Rhône, aux regards francs et
pétillants comme le vin blanc de Condrieu,
pays riverain du grand fleuve et dont ils sont
presque tous originaires. Pendant le voyage
du *Bonnardelle*, je m'amusais chaque jour
à suivre l'existence de ces hommes remontant le Rhône à côté de nous. Assis, les
jambes nues sur la mule de tête, je les voyais
guidant par des gués invisibles la file des
bêtes robustes qui halaient à la corde d'énormes péniches chargées de tonneaux de vin

et de pierres de taille. De temps à autre,
celui d'entre eux qui tenait la barre commandait d'une voix sonore, selon que l'on
allait à droite ou à gauche : « *Emperi!...
Riaume!...* Empire... Royaume », ce qui,
pour nos mariniers, signifie « Bâbord » et
« Tribord », de l'antique appellation dont ils
désignaient au moyen âge la rive du royaume
d'Arles et celle de l'empire d'Allemagne. Oh !
la magie de ces syllabes provençales qui, depuis six cents ans, sonnent toujours les mêmes
dans le vent du Rhône. Encore aujourd'hui,
quand je les entends, car la marine s'en sert
toujours, c'est pour moi la même émotion et
comme un agrandissement du paysage.

Quelle impression ai-je dû faire, ce soir-là,
sur tous ces braves gens, avec mes airs de
chérubin impertinent et mes histoires à dormir debout ? Comment un de ces colosses
n'a-t-il pas pris, écrasé entre deux doigts
ce moucheron fatigant, jamais en place, ne
cessant de bourdonner et de tournoyer entre
les tables ? Sans doute ma qualité de futur

A SUIVRE L'EXISTENCE DE CES HOMMES REMONTANT LE RHÔNE.

officier, les récits que leur faisaient à voix
basse les zouaves et les artilleurs, (compagnons et témoins de mes aventures à Varna

et à Gallipoli, car ils arrivaient à croire
que nous nous étions battus là-bas ensemble ;
toute cette légende glorieuse et menteuse
dont je marchais enveloppé, me donnait un
prestige extraordinaire à leurs yeux. Et c'est
à cela que j'ai dû de ne pas me faire casser

les os avant la fin de la soirée par quelque brutal et jaloux câlineur de la jolie demoiselle que je poursuivais d'un flirt passionné. Cette jeune fille, nièce de l'aubergiste, s'égayait infiniment de mes marivaudages, de ma petite taille, de mes airs de bambin amoureux. Je l'entendais dire aux mariniers en parlant de moi : « Il semble un enfant de prince » ; et ses yeux clairs me regardaient avec un rire d'étonnement qui m'excitait à la poursuivre, à la taquiner, comme si elle aussi avait crié « Oh ! de ce *mostre* ! » ainsi que les petits Montpelliérains.

Un vrai monstre, en effet, si l'on avait pris au sérieux ma façon de lui envoyer des baisers, de lui murmurer : « Que vous êtes belle, ma chère enfant !... et que je vous aime ! Mais où pourrais-je vous le dire plus librement qu'ici ? »

Elle ne me répondait pas. Tout ce que je pus savoir c'est qu'elle ne sortait jamais seule, et que sa chambre, la dernière allumée de la maison, se trouvait au premier étage, juste au-dessus de l'entrée de l'auberge. Et cela me suffit pour improviser les détails

d'une aventure imaginée et toute menteuse.

Ici, j'arrive aux aveux les plus pénibles. Rien ne me serait plus facile que d'invoquer une défaillance de mémoire, un de ces inter-

12

valles, de ces blancs comme il y en a déjà
tant dans ce récit.

Mais non, j'ai promis d'être sincère, et,
quoi qu'il puisse en coûter à mon amour-
propre, je le serai....

Donc, la soirée finie, le cabaret fermé, nous
retournions vers le bateau en chantant une
chanson de marinier que nos nouveaux amis
venaient de nous apprendre :

> ... Laissez-les passer,
> C'est des mariniers,
> Il en viendra bien d'autres
> Du beau pays d'Anjou,
> Qui n' paieront rien et cass'ront tout
> Eh oui! Eh oui!
> Et zist! et zest!!
> Et c'est un pouf!
> Et n'y a pas de pouf!
> Et allons donc!
> Quant à de l'argent, Madelon,
> Nous t'en collerons
> Quand nous en aurons.

Tout à coup, au moment de mettre le pied
sur la passerelle, le démon enfantin de la vanité me tira sournoisement par la manche et

me suggéra le plus abominable des projets.

« Voici ce dont il s'agit », dis-je tout bas à Léonce et à deux artilleurs de la garde restés en arrière avec moi. — C'étaient mes deux fidèles, mes intimes, mes cardaches, comme on dit chez nous, ceux de la bande à qui je faisais la distribution la plus large de mes saucissons d'Arles et de mes terrines d'anchois. — « Voici : je suis fou de cette petite. » Et je leur confiai sous le plus grand secret, et d'homme à homme, les précieux renseignements que Léandre avait obtenus d'Héro sur cette fenêtre, la dernière allumée, au premier étage, juste au-dessus de la branche de houx qui décorait la porte de l'auberge.

« Sapristi ! mon officier, mais c'est un vrai rendez-vous qu'elle vous a donné », me répondirent mes artilleurs dont les yeux reluisaient de plaisir et d'envie. Et me prenant chacun par un bras : « Allons-y gaiement. Nous vous ferons la courte échelle. » Léonce, lui qui connaissait à fond l'innocence de son pauvre

petit cousin, s'épouvantait de l'aventure et
faisait tout pour m'en détourner. Moi-même,
à mesure que j'approchais, je prévoyais mille
dangers, j'avais peur. Si son oncle nous
surprenait, je ne pèserais pas plus lourd aux
mains velues du cyclope qu'un petit caillou
blanc dans une fronde ! Mais ce qui m'ef-
frayait bien autrement que l'oncle de la *petite*,
elle avait la tête de plus que moi, « la petite », c'était l'idée de me trouver seul avec
elle. Que lui dire ? Comment m'y prendre ? et
les artilleurs auraient bien ri, eux qui me
pensaient un précoce lovelace, s'ils s'étaient
doutés de mon ingénuité et des phrases im-
béciles que je préparais dans ma tête tout en
marchant.

« Où allez-vous donc, mon officier ?... Mais
nous y sommes ! » me chuchota subitement
un de mes compagnons. J'étais tellement
préoccupé de mon personnage et cette petite
ruelle était si sombre, que j'avais passé devant l'auberge sans l'apercevoir. Pourtant
une lumière brillait juste à l'étage. La petite

m'attendait. « Que le diable l'emporte! » pensai-je au fond de moi-même en maudissant ma bonne fortune; mais à l'âge que j'avais alors, la vanité fait des héros.

« Laisse-moi donc tranquille », dis-je tout bas à Léonce qui s'accrochait désespérément à mon « highlander », ainsi que j'appelais mon cache-nez. Et le plus robuste des deux artilleurs calant sa tête contre la muraille, l'autre à califourchon sur son dos, je me hissai avec effort au sommet de cette échelle vivante, secouant au passage l'énorme branche de houx, toute pleine de poussière et de piquants. Arrivé là, je m'arrêtai un instant pour reprendre mon souffle et laisser s'apaiser mon pauvre cœur qui battait à grands coups. Rien ne bougeait dans la maison dont la façade se dressait toute noire et rébarbative, hormis le carré de lumière silencieuse, immobile au-dessus de ma tête. Inquiet, je songeais : « Est-ce bien sa chambre? » Mais je ne pouvais m'en assurer, mes mains seules atteignant le rebord extérieur de la fenêtre trop étroit pour leur servir d'appui. J'avais cependant l'impression qu'une ombre passait par moments contre la vitre, que quelqu'un respirait près, tout près de moi. Si c'était la petite, pourquoi n'ouvrait-elle pas ? Et, si elle n'avait rien entendu, comment lui signaler ma présence sans prévenir l'oncle, en même temps ?... Ajoutez que j'étais loin d'avoir toutes mes aises en haut de cette pyramide humaine qui tanguait, roulait sous mes pieds, comme une bouée par grosse mer.

Ah ! il en faut du biceps et du jarret et du courage pour faire un bon héros de roman. Deux ou trois fois je *toussai* tout bas d'abord, puis un peu plus haut. Pas de réponse. « Êtes-vous là, chère enfant ? » Rien encore. Alors, d'un élan suprême, au risque de chavirer tout mon échafaudage, je décrochai une de mes mains et parvins à égratigner légèrement la vitre. Cette fois l'espagnolette grinça, la fenêtre s'ouvrait. « C'est moi, n'ayez pas peur », murmurai-je en essayant, maintenant que mes mains avaient

MON ÉCHELLE D'ARTILLEURS S'ÉCROULAIT.

plus de prise, de me hisser jusque dans la chambre, jusque vers l'enfant qui n'avait pas peur, oh! non, pas du tout! « Attention! » cria Léonce, le seul de nous tous qui voyait ce qui se passait. En même temps, je me sentais harponné, soulevé vigoureusement par les cheveux, et l'oncle de ma bien-aimée, après m'avoir appliqué une gifle formidable, me laissait choir à bout de bras sur mon échelle d'artilleurs qui s'écroulait en deux morceaux.

Il y a une Providence spéciale pour la jeunesse. Dix minutes après, je me glissais avec mon cousin dans le salon du *Bonnardelle*, un peu moulu, mais sans rien de cassé, et si je fus long à m'endormir cette nuit-là, c'est à l'idée que mon amoureuse, pour se moquer de moi, m'avait donné rendez-vous dans la chambre de son oncle. Je trouvais la plaisanterie d'un goût douteux.

IV

(Suite)

Troisième épisode.

Celle de Léonce s'appelait Mme Brouillard, ce qui est bien lyonnais. La Mienne, ne portant pas sans doute un nom aussi pittoresque, a laissé moins de traces dans mon souvenir. Nous l'appellerons, si vous voulez, l'amie de Mme Brouillard, car ces dames voyageaient ensemble et ne se quittaient que rarement....

De quelles dames est-il donc question ?

Mais des deux passagères du *Bonnardelle*, que j'avais négligées d'abord pour mes troupiers du gaillard d'avant, mais auxquelles j'étais revenu à la suite de ma mésaventure amoureuse, dont les artilleurs devaient régaler l'avant-pont....

Avec son accent lyonnais, traînard et mou, ses yeux langoureux, ses airs penchés de vignette de romance, Mme Brouillard m'aurait certainement mieux convenu que la

Mienne, joyeuse commère, accorte et délurée, la langue trop longue et le nez trop court. Mais ces choses ne se commandent pas. Dès qu'on eut appris au salon que nous

étions élèves de l'École de marine, à la
veille de passer aspirants, ce qui, vis-à-vis
de ces dames, nous valait quasiment une
paire de moustaches, c'est Léonce que Mme
Brouillard trouva charmant, d'une grâce fa-
tale et ténébreuse, tandis que mes allures
loup de mer et casse-cou plaisaient davan-
tage à son amie.

Le temps se maintenant au beau, un ciel
adorablement bleu continuant à se mirer dans
le fleuve toujours limpide, ces dames, excepté
aux heures de grand soleil, passaient la journée sur un banc, à l'arrière, occupées à de
petits ouvrages de femme, et regardant les
rives du Rhône se dévider à leurs pieds tout
doucement, comme leurs pelotons de soie
changeante. C'est à leurs pieds aussi que
mon cousin et moi, étendus sur une couverture, en des poses troubadouresques, nous
échangions avec elles des doux propos et
des regards pleins de promesses.

Malheureusement mon cousin, je crois
l'avoir dit, manquait tout à fait d'éloquence.

Mme Brouillard s'en plaignait, mais j'expliquais cela très bien par un extraordinaire roman chuchoté dans l'oreille de ces dames, pendant que Léonce, rêveur, s'accoudait au bastingage. Il s'agissait, nous en avons si souvent ri depuis que je me le rappelle encore, le roman de Léonce, il s'agissait de la fille d'un riche Arménien de Péra qui, à la veille de se marier avec un pacha très illustre, favori du sultan, général en chef de sa cavalerie légère, s'était éprise de mon beau cousin pour l'avoir vu, un soir, valser à l'ambassade de France. Regards échangés, selams, lettres embrasantes, — il y avait eu des lettres, par malheur, — et voilà qu'un matin, juste le jour projeté pour son enlèvement, la pauvre Namouna avait été trouvée décapitée dans son lit, le kandjiar de son fiancé, un kandjiar à poignée d'or et de rubis, resté sur l'oreiller inondé de sang à côté d'elle. A la suite de ce drame, Léonce, désespéré, s'était jeté deux fois dans le Bosphore, d'où j'avais eu toutes les peines du monde à le

repêcher et, depuis, chargé par ses parents
et le capitaine de vaisseau directeur de notre
école de le promener, de le distraire, je
remplissais ma tâche de mon mieux. Mais
rien ne pouvait l'arracher à ses souvenirs :
le malheureux allait à travers la vie avec un
kandjiar dans le cœur. « Si vous voulez tirer
de lui quelques paroles, chère madame —
c'est à la petite Mme Brouillard que ceci
s'adressait — vous n'avez qu'à lui prendre
les mains et lui dire : « Parlons un peu de
« Namouna. » Alors vous m'en donnerez des
nouvelles de cet éternel silencieux. »

Très spontanée et très naïve, la Lyonnaise,
sitôt mon histoire finie, s'approcha de
Léonce, toujours à la même place, le profil
immobile et songeur. « Parlons un peu de
Namouna, voulez-vous ? » lui demanda-t-elle
d'une voix émue. Comme je n'avais eu le
temps de le prévenir et qu'il entendait pour
la première fois ce nom de Namouna, mon
cousin ne sut que répondre. Mais il n'était
pas du Midi pour rien et, fait à mes improvi-

ET REGARDANT LES RIVES DU RHÔNE SE DÉVIDER.

sations depuis le commencement du voyage, sans montrer le moindre étonnement, il s'éloigna en secouant douloureusement la tête. Mme Brouillard revint vers nous avec un gros soupir : « Pauvre petit !... C'est son kandjiar qui lui remonte et qui l'étouffe, c'est ça qui l'empêche de parler. »

Je me suis souvent demandé depuis ce que devaient être en réalité ces deux Lyonnaises, qui se prétendaient mariées toutes les deux à de grands marchands de soie de la place des Terreaux. A la réflexion, le roman de Léonce et de Namouna n'était pas plus invraisemblable que leur histoire.

On ne se figure pas deux dames de la société lyonnaise, société si opulente et si collet monté, voyageant pêle-mêle avec les colis sur un bateau de remorquage. Et si vous aviez vu les petites robes malingres de ces grandes dames, les waterproofs en papier à cigarettes très mince, qu'elles se jetaient sur le dos quand le mistral soufflait fort, et le panier mélancolique où elles te-

naient leurs provisions de route, piteusement
renouvelées, le soir, à chaque escale !

Tous ces détails de tenue, de physionomie
me frappent à distance : je les retrouve très
nets dans mon souvenir, avec d'autres encore
plus significatifs. Ainsi, leurs façons de parler cocasses et communes : elles ne riaient
jamais sans mettre leur main devant la bouche. Dans la discussion, Mme Brouillard
répétait à tout instant : « Je ne vous dis pas
le contraire » ; et la Mienne, quand le ste-
wart — oh ! le dégoûtant personnage —
nous servait le café au lait du matin, la
Mienne ne manquait jamais de fourrer le
reste du sucre dans sa poche, prétendant
que rien n'était bon pour guérir les crampes
d'estomac comme un peu de vulnéraire sur
du sucre. Pourquoi toutes ces choses que je
me rappelle si bien maintenant m'échappaient-
elles alors ? Comment, étant aussi menteur,
restais-je à ce point ingénu et crédule ? Sans
doute, parce que mon personnage, m'absor-
bant tout entier, annihilait en moi la faculté

de l'observation, ou encore, parce que mon mensonge, comme je l'ai dit tout à l'heure, simplement enfantin et vaniteux, ne cachait pas la moindre combinaison scélérate. Du côté de ces dames, pas d'autres machinations que le désir assez naturel chez deux petites commères moitié artisanes, moitié bourgeoises de se payer quelques jours de fête aux dépens des deux cadets de la marine permissionnaires et bien en fonds.

C'est ainsi que j'explique notre mutuelle

crédulité. En dehors des Lyonnaises, le per-
sonnel de l'arrière se composait de l'Anglais,
celui que nous appelions l'Anglais, assis sur
un banc en face d'elles, avec ses trois jeunes
garçons auxquels il racontait les pays que
nous traversions, leur légende, l'histoire des
vieilles pierres féodales restées debout au
bord du grand fleuve bleu. Il y avait aussi
les deux petits Montpelliers qui, dédaignés
par moi et mes troupiers du gaillard d'avant,
ne quittaient pas l'arrière-pont, allant timide-
ment d'un banc à l'autre, sans qu'on leur fît
grande fête d'aucun côté. Ces dames les
regardaient comme des gamins, car s'ils
avaient notre âge, ils ne venaient pas de
Varna ; en face, on les trouvait mal élevés, on
leur reprochait leurs mauvaises connaissan-
ces. C'était nous, les mauvaises connais-
sances, et les Anglais nous le prouvaient
bien, dès le premier jour, en affectant de nous
tourner le dos pendant que Léonce et moi mari-
vaudions aux pieds de nos Lyonnaises. L'ou-
trage était si flagrant, ces quatre dos effron-

tèment alignés sur le siège d'en face avaient
quelque chose de si insultant que j'en fis
l'observation tout haut, menaçant de me lever
pour aller couper les oreilles à certains
« Englishmen » mal appris qui... dont... ah!
mais c'est que!...

La douce madame Brouillard, très émue,
m'avait pris le bras entre ses mitaines grises :
« Laissez!... ça n'en vaut pas la peine. » Son
amie, au contraire, plus combative, m'excitait, me donnait raison : « Des aspirants, ma
petite, songez donc! Il y va de l'honneur de
la marine française... » Et, ma foi, je crois
bien qu'en l'honneur de cette marine, à
laquelle, hélas! je n'appartenais qu'imaginai-
rement, j'allais m'exposer à me faire casser
les os ou secouer par-dessus le bord.

Heureusement, le temps de me lever, de
me tourner, le banc d'en face était vide :
« l'English » et ses petits avaient disparu.
« Oh de ce *mostre* ! » murmura le petit Montpellier, l'aîné me regardant comme en extase.
Léonce, lui, relevait la tête et serrait les

poings : « Ils ont bien fait de filer, les Englishmen ! », et tout son corps tremblait de
colère. « Pensez à Namouna », lui dit tout
bas madame Brouillard pour le calmer. Ici,
le plus jeune des Montpelliérains intervint
avec son accent ridicule, ses yeux d'albinos
fripés et clignotants : « Vous savez qu'ils ne
sont pas Anglais... Le père est de Saint-
Quentin... les autres, d'un peu partout, car
ce ne sont pas ses fils, seulement ses élèves
avec lesquels il voyage pendant les vacances.
Il paraît qu'il est professeur à Paris, professeur de je ne sais pas quoi. »

« Ce n'est toujours pas de politesse... »,
dis-je en reprenant ma place aux pieds de
madame Brouillard et de son amie, comme si
rien ne s'était passé. Avouez que je n'avais
pas le triomphe insolent.

Dès ce moment, par exemple, la vie à bord
devint intolérable pour les élèves de Varna.
Condamnés à se tenir toujours à l'arrière du
Bonnardelle, ils se trouvaient en perpétuel
contact avec les Anglais, je continue à les

LAISSEZ..., ÇA N'EN VAUT PAS LA PEINE.

désigner ainsi faute de savoir leurs noms, ce
que j'ignorai toujours.

On se rencontrait sur le pont, dans le salon.
Le matin, si la bise piquait dur, on se trouvait ensemble à se dégourdir autour de la
chaudière. Sur les marches étroites de l'escalier, les épaules et les coudes se heur-
taient, les regards se croisaient, aigus et vifs
comme des épées de combat. On n'avait de
trêve que la nuit, à la halte, les Anglais cou-
chant généralement à terre dans une auberge.
Mais dès cinq heures du matin, ils envahis-
saient le salon, sans pitié pour les pauvres
femmes qui dormaient abritées d'un grand
rideau bleu.

Parlez-moi d'un bon coup de torchon, de
solides bourrades, échangées dans un mouvement de colère. Mais vivre jour et nuit
enveloppé de haine, songer à de perpétuelles
vendettas, surtout quand on est très jeune,
qu'on a le naturel facile et faible, le désir de
plaire commun aux enfants du Midi, c'est un
véritable supplice que je supportais mal.

« Non, voyez, mesdames ». (Nous sommes dans le salon tous les quatre, en train de
finir le café au lait dont je régale nos Lyonnaises chaque matin.) « Non, si ce n'était
pas la joie de voyager avec vous, j'aurais vite
fait de lâcher le sabot du père Reboul pour
sauter en chemin de fer à la première
station.

— Mais je croyais que pour M. Léonce... »,
murmura l'amie de Mme Brouillard, en me
montrant mon cousin du bout de son couteau
chargé de beurre... En effet, j'oubliais que
nous avions pris le bateau du Rhône pour
dépister la police du sultan qui cherchait
Léonce sur le P.-L.-M. Mais, que diable ! il
n'y avait pas que le chemin de fer pour aller
à Lyon. On pourrait fréter une voiture et
voyager à petites journées...

« Tous les quatre, alors », dit Mme Brouillard, en battant des mains, « oh, ce serait
charmant... On s'arrêterait en route... un
joli site... une bonne auberge...

— Oui, mais ça coûterait gros, observa

SANS PITIÉ POUR LES PAUVRES FEMMES QUI DORMAIENT.

l'amie, plus raisonnable!.. Il y aurait le cheval et l'homme à nourrir.

— Mais non! pas besoin de cocher.

— Et qui conduira ? demandèrent-elles en se tournant de mon côté.

— Moi !

— Vous savez?

— Je n'ai fait que ça toute ma vie. »

Si habitué qu'il fût à la perpétuelle féerie de mon imagination, Léonce me regardait stupéfait. Nous ne nous étions pour ainsi dire jamais quittés depuis l'enfance, et jamais il ne m'avait vu ni fouet, ni guides entre les mains. Mais, bah! quand on est du Midi...

A ce moment, le capitaine se montra à l'entrée du salon, et, sans même mettre un doigt à sa hideuse casquette en peau de lapin : « Si vous avez des emplettes à faire, mes petites chattes, je vous préviens que nous allons nous arrêter à Tourr on une heure ou deux pour faire du charbon.

Il sortit là-dessus, en me jetant par-dessus l'épaule : « J'ai bien l'honneur, mon of-

ficier... » C'était son habitude, depuis l'histoire avec le garde champêtre, de me saluer
toujours ainsi. Voulait-il se moquer? Con-
naissait-il ma fable de l'école de Varna? Je
n'osais l'interroger, mais chaque fois son :
« Bonjour, mon officier! Comment va, mon
officier... » me retournait les nerfs. Ces
dames, elles aussi, se plaignaient de sa fami-
liarité, principalement la douce Mme Brouillard, si timide, si délicate, et qu'un mot gros-
sier faisait rougir jusque dans le cou, son
cou blanc et grassouillet comme le ventre
d'une petite caille. « Quel goujat! » dit-elle
en le voyant s'en aller... Et l'âme rêveuse
ajouta : « C'est ça qui serait *canant* de lui
jouer le tour!... » Eh bien, oui, *canant*, un
mot de Lyon qui veut dire drôle, amusant.
Voyez-vous que nous prenions une voiture
à Tournon, et qu'on laisse le Reboul avec
son *Bonnardelle*.... Je criai « Bravo! » Léonce,
encore plus fort que moi. On riait, on s'exal-
tait, chacun se figurait la stupeur du capitaine, et tous les détails de ce voyage, si

nouveau, si charmant, nous, rien que nous,
plus d'Anglais, rien de Montpellier; des hal-

tes aux coins des bois; de joyeux repas dans
de vieilles hôtelleries où l'on cuisine des plats
de pays — je ne vous dis que ça. — Les jolis
yeux enfantins de nos grandes dames en

reluisaient de plaisir et de gourmandise.

Tout à coup, la cloche du bateau. Nous arrivions à la halte. On voyait, à travers les hublots du salon, le pont suspendu qui fait communiquer Tournon avec Tain, comme chez nous celui qui rejoint Beaucaire à Tarascon. Seulement, à Beaucaire, le pont est bien plus beau, le Rhône plus large, le ciel plus bleu.

C'est le Midi enfin..., et ici, le Midi était loin.

« Eh bien, que faisons-nous ? », demanda la Mienne vivement. Faut-il que je cherche une voiture ? » J'aurais dû répondre carrément : « Non ! » Je n'en eus pas le courage. Et sitôt le vapeur à quai, mignonnes et dodues, leurs paniers au bras, leurs fanchons sur la tête, nos Lyonnaises descendaient en ville et emmenaient Léonce avec elles sous prétexte de les aider à porter les provisions. Grave imprudence encore ! Restés à bord tous les deux, nous nous serions concertés ; devant la détresse de nos porte-monnaie, nous au-

rions compris la folie, l'impossibilité de ce
projet. Au lieu de cela, voilà Léonce et l'amie
de madame Brouillard qui arrivent en courant au bout d'un quart d'heure à peine, des-
cendent tout essoufflés au sal , où j'étais
encore immobile et songeur à la 'me place,
pendant qu'à grand fracas on tra bordait le
charbon dans la soute. « Superbe ! su rbe »,
répétait mon cousin qui me parut a solu-
ment fou. Impossible de lui arracher u u-
tres paroles que celle-ci. Par la Lyonnai
j'appris qu'ils avaient tout trouvé, cheval,
voiture, dans des conditions modestes, oh !
très modestes. Il fallait seulement laisser en
garantie, entre les mains du loueur, une
somme assez importante. Quelle somme ? Je
ne m'en souviens plus, vous pensez, mais elle
était si loin, si loin de ce qui nous restait en
caisse que ma figure dut changer de couleur.

   « Ce ne sont que des arrhes, vous com-
prenez », me disait l'amie pour me rassurer :
et je répétais avec elle, sans conviction : « C'est
vrai, ce ne sont que des arrhes ». Elle reprit,

toute haletante : « La difficulté n'est pas là...
L'ennui pour nous, c'est que le capitaine con-
naît nos maris, et il ne faut pas que nous
ayons l'air de quitter son bateau tous les
quatre ensemble. Aussi, Madame Brouillard
est restée chez le loueur où elle m'attend....
Je vais dire au vieux Reboul que mon amie
est souffrante, que nous allons nous arrêter
deux ou trois jours à Tournon. Quant à vous,
mes petits, vous ne serez pas en peine de
trouver un prétexte ; surtout, ne quittez le bateau qu'à la dernière minute. On ne partira
pas avant une grande heure d'ici. Vous avez
tout le temps de ficeler vos paquets, de régler
vos notes ; rendez-vous chez le loueur devant
l'église Saint-Julien, dont on aperçoit la tour.
Nous vous attendrons dans la voiture attelée.
Arrivez vite. »

Diable de petite Lyonnaise ! Tout en parlant, elle avait décroché leur rideau bleu, rou-
lé dedans des châles, des fichus, bouclé le
minable sac de nuit où tenait très à l'aise le
trousseau des deux grandes dames de Lyon,

ET DÉJA ELLE TROTTAIT SUR LE QUAI.

et déjà elle trottait en quête du capitaine sur le quai noir de charbon, que j'en étais encore à me demander, le parti que j'allais prendre. Pour commencer, je réglai mon compte avec le steward et m'aperçus qu'en déjeuners, dîners et divers, la cuisine du bord avait épuisé presque toutes nos finances. Au plus, nous restait-il deux ou trois louis pour atteindre Lyon et ne pas nous trouver au dépourvu en arrivant, si le censeur du Lycée qui devait nous attendre au bateau ne s'y trouvait pas, par hasard.

Mais, maintenant, que faire ? Sans doute ces dames étaient riches. Des marchands de soie de la place des Terraux, c'est très riche, quoique cependant on nous eût tout laissé payer sur le bateau et même à terre. Du reste, riches ou non, nous ne pouvions pas décemment nous laisser nourrir et voiturer par des dames. Autre objection : je ne savais pas conduire, ni atteler, ni dételer : au premier tournant de route, je nous voyais tous dans le fossé. Non, c'était impossible ! Il fallait

leur écrire, faire vite, porter chez le loueur un
mot bien simple, bien sincère, où j'avouerais
tout, et ce que nous étions, et que j'avais menti.

Mais la vanité maudite qui m'avait jeté
dans cette impasse m'empêchait encore d'en
sortir. La honte de l'aveu à faire retenait ma
plume. Sitôt ma lettre reçue, elles revien-
draient certainement : comment nous retrouver en face d'elles ?

L'instant approchait et la dernière benne
de charbon venait de passer du quai sur le
bateau.... Oh ! ce pont mélancolique qui se re-
flète et tremble dans l'eau grise, cette grue
sinistre dressée sur la berge comme une po-
tence, cette tour de Saint-Julien au bas d'un
rocher noir, comme tout ce paysage les évoque
au fond de ma mémoire ces minutes d'angoisse et d'incertitude où, penché sur la
rampe du navire, tenant entre mes doigts fiévreux la piteuse missive que je m'étais enfin
décidé à écrire, je ne pouvais me décider
à l'envoyer.

« Voyons, Léonce, il faut prendre un parti,

A UN HOMME DU PORT ET LUI TENDIS LA LETTRE.

dis-je à mon cousin qui m'avait demandé à relire la lettre encore une fois.

— Tu as raison, il faut prendre un parti. » Et me regardant avec son étrange sourire en encoignure : « Dans cinq minutes il serait trop tard, elles n'auraient plus le temps de revenir.

— C'est vrai, tout de même, qu'elles ne pourraient plus embarquer. »

Je fis signe à un homme du port et lui tendis la lettre par-dessus le bastingage en donnant l'adresse du loueur en face Saint-Julien.

Don! don! don!... C'était la cloche du départ : « Vite! vite! Dépêchez-vous! » L'homme nous cria: « Y a-t-il une réponse?» Mais le rivage était déjà loin, la cheminée du bateau se baissait pour passer sous le pont et l'homme ne vit que nos gestes désespérés dans des tourbillons de fumée noire.

D'abord, ce fut un grand soulagement pour mon orgueil, avec un petit remords dans le fond. En définitive, ces dames avaient de l'argent, elles se feraient voiturer à Lyon ou prendraient le bateau du Rhône dans trois ou

quatre jours s'il était vrai que le chemin de
fer leur ébranlât les nerfs. Et au moins nous
échappions à l'humiliante explication qu'il aurait fallu avoir avec elles. Heureux de cette
idée, le reste du jour me sembla un beau
rêve. Vers le soir, comme le *Bonnardelle*
s'amarrait au long du bord, près de je ne
sais quel petit pays, le capitaine passant à
côté de nous sur le pont nous dit un mot de
cette pauvre Mme Brouillard, restée en souf-
france à Tournon, et nous apprîmes de lui
que nos grandes dames étaient les femmes de
deux chefs d'atelier, deux canuts de ses amis....
Des femmes de canuts!... Mais alors, comment s'en tireraient-elles, les malheureuses ?
C'était affreux, ce que j'avais fait. J'essayais
de tricher avec ma conscience. « C'était un
malheur. Je croyais que la lettre arriverait à
temps. » Mais ma conscience me répondait :
« Tu mens », et d'un ton si péremptoire que je
n'avais plus rien à dire. De cruels remords me
poursuivirent toute la nuit : sur le coin du
divan où dormaient les Lyonnaises, je voyais,

UNE CARRIOLE ATTELÉE D'UN CAVALOT.

en imagination, leur pauvre sac tout fané, le
panier aux provisions lamentable; Mme Brouillard surtout me faisait de la peine, douce et
triste, avec des yeux désolés qui semblaient
me dire : « Ah ! c'est mal, c'est très mal. »

Au petit jour, je me levai, ne pouvant dormir, et montai sur le pont, laissant Léonce
abîmé dans un lourd sommeil que n'enfièvrait
aucun remords. Là haut, l'air était vif, le ciel
et l'eau ouatés, étoupés de brumes blanches.
Sur l'avant, les soldats couchés en tas avec
leurs pantalons rouges dépassant leurs couvertures donnaient l'impression d'un coin de
champ de bataille. Des hommes du *Bonnardelle* couraient le long du quai, déta-
chant les amarres humides. Un autre, évitant
de marcher sur les corps étendus, gagnait
l'avant pour sonner la cloche, dès que la
montre de l'habitacle marquerait cinq heures.
Tout à coup, une carriole, attelée d'un cavalot, à fond de train tourna le coin d'une rue
de campagne et vint s'arrêter devant le bateau. Deux femmes empaquetées de châles

descendirent de voiture, payèrent à la hâte
le paysan en blouse qui les conduisait. « Té,
vé ! madame Brouillard », cria la voix enrouée
du père Reboul. Je n'eus que le temps de me
sauver à l'avant et de me blottir sous ma
couverture dans le tas, pendant que les
Lyonnaises descendaient au salon sans répondre aux galanteries du capitaine. Un moment après, Léonce, la figure bouleversée,
sinistre à la fois et très bouffon, venait me
rejoindre et me racontait la façon violente
dont l'amie de Mme Brouillard l'avait arraché
au sommeil et précipité de la banquette sur
laquelle il s'étalait; pauvres femmes, leur
fureur était bien excusable. Dire que pour
rejoindre le bateau, elles avaient dû faire
douze lieues, la nuit, par des routes affreu-
ses, dans une charrette de boucher; et le
loueur qu'il avait fallu indemniser, et une
foule d'autres choses qu'elles ne pouvaient
pas dire. Ah! elles s'en souviendraient des
élèves de la marine!...

Et Mme Brouillard est-elle aussi irritée

LÉONCE VENAIT ME REJOINDRE.

16

que la Mienne? » demandai-je tout bas à Léonce tandis que la cloche annonçait le départ et que nos troupiers commençaient à ouvrir les yeux autour de nous.

— Non, pas aussi méchante. Elle a seulement dit que jamais, plus jamais, nous ne causerions de Namouna! »

V

Ne vous semble-t-il pas que, dans cette
traversée de Beaucaire à Lyon, qui n'a pas
duré bien certainement plus de cinq jours,
les journées ont la longueur d'un voyage au
long cours! Cela tient moins, j'imagine, à la
monotonie du décor qu'à l'identité des deux
principaux personnages, toujours les mêmes,
ne se modifiant en rien au contact des hommes ni des événements. Le paysage, lui,
changeait presque à chaque tour de roue. Je
crois vous avoir dit comment le Rhône, à
mesure que nous montions, passait du bleu
foncé au bleu clair, puis à des tons de platine
et d'acier qui faisaient du Rhône de Beaucaire un Rhône tout différent du Rhône de
Lyon. Même variété sur le rivage. Aux mas
du Midi, brûlés et roux, succédaient les
riantes fermes bourguignonnes, aux pâles
verdures de Provence, aux gros pâturages

16.

de l'Ardèche et de l'Isère, le vert humide et gras du Lyonnais. Ce qui ne changeait pas, c'était nous, c'étaient ces deux petits hommes vantards et incorrigibles auxquels ne servait aucune leçon et que vous auriez vus, après leur ridicule aventure avec Mme Brouillard et son amie, réinstallés sur l'avant du « Bonnardelle » et reprenant pour les bons troupiers, retour de Crimée, la suite de leurs abracadabrantes aventures en Orient, aventures de terre et de mer, guerroyantes et ballantes, avec accompagnement de gestes, de gambades, imitation de cris d'animaux, de bruits et d'instruments variés.

Pour nous mettre à l'aise, les deux artilleurs, témoins de mon accident, avaient quitté le bord à une des dernières escales, et sûrement sans souffler mot de ce qui m'était arrivé, car je ne surprenais pas l'ombre d'une raillerie dans les regards ingénus et bons qui m'entouraient. « Que pouvais-je bien leur raconter à tous ces braves gens? De quelles prouesses et quels prodiges

d'adresse et de courage osais-je me vanter
devant ces hommes qui, tous, avaient vu la
mort en face, et quelques-uns sans baisser
les yeux ? Il me serait difficile de le dire.
J'ai écrit tant de romans, depuis ceux que
j'improvisais dans ce voyage! Pourtant certains détails me reviennent, un coup de
lumière, arrivé je ne sais d'où, frappe et fait
revivre, au lointain de mes souvenirs, un
nom, un visage que je croyais oublié, perdu.
Ainsi, ce nom de Josse, qui vous rappelle à
vous l'orfèvre de Molière, à moi me remé-
more la pauvre figure terreuse, douloureuse,
l'haleine brûlée d'alcool d'un de mes troupiers, un chasseur de Vincennes, court et
trapu, amputé d'une main. En même temps,
ce nom évoque pour moi une fin de jour
brumeuse.

Le *Bonnardelle* vient d'accoster, et ce
grand cri s'élève par tout le bord, redit et
crié cent fois : « Josse est tombé à l'eau!
Josse est tombé à l'eau! » Le pauvre diable
étant ivre, comme toujours, le pied lui avait

manqué, sans doute, en franchissant la passerelle! Et je me vois, courant sur le pont
avec le geste d'enlever ma jaquette, j'entends
les soldats murmurer autour de moi : « L'officier, laissez passer l'officier! » Car je leur
avais raconté mes prouesses comme nageur,
le Bosphore traversé en faisant la planche, et
combien de sauvetages accomplis! Qu'est-ce
que c'était pour moi de repêcher le brave
Josse, je vous le demande? Pechère! Je me
le demandais aussi, en regardant l'eau du
fleuve rapide et profonde, tandis que je songeais avec épouvante: Comment vas-tu faire,
malheureux! Tu ne sais pas nager. Il faut y
aller pourtant, ou tu es perdu d'honneur devant tous ces hommes.... En avant! Zou!
 ...Et je crois bien que l'orgueil aidant, tout
ce monde qui me regardait, l'espoir qu'il se
trouverait quelqu'un qui me tirerait d'affaire...,
oui, je crois que j'aurais fait la folie de sauter dans le Rhône, quand soudain on cria de
l'arrière : « Il l'a! Il le tient! Sauvé! Bravo!
Sauvé! » Et j'apercevais au loin, sur la berge,

CE SAUVEUR, CE HÉROS, C'ÉTAIT, DEVINEZ QUI?...
L'HOMME DE SAINT-QUENTIN, MON ANGLAIS!

Josse qu'on rapportait à bord, grelottant et dégoulinant; puis, le suivant, entouré de monde, son sauveur qui riait, s'ébrouait très simple au milieu des acclamations. Ce sauveur, ce héros, c'était, devinez qui?... L'homme de Saint-Quentin, mon Anglais!

Comme à chaque correction, à chaque claque formidable dont le sort se plaisait à corriger ma vanité, cette fois encore je dus rester penaud après cet épisode et tenir ma langue tranquille quelque temps; mais pas très longtemps, n'en doutez pas. Croyez qu'il y en eut encore, des aventures mensongères, racontées et gesticulées par l'élève de Varna, sur le gaillard d'avant, et que les deux petits Montpelliers s'écrièrent souvent avec transport : « Oh, de ces *mostres*! »

Seulement, à partir du sauvetage de Josse, toute cette fin de traversée s'embrouille, s'embrume, comme si en approchant de Lyon, la ville aux deux rivières, toujours brumeuse et pluvieuse, un grand rideau de nuées eût enveloppé le *Bonnardelle* et tout ce

qui se passait à son bord. Je me souviens
cependant qu'en arrivant vers la Mulatière,
— on désigne ainsi le point précis où la Saône
se jette dans le Rhône, un peu au-dessous de
Lyon, — et comme je venais de me livrer à
une de mes improvisations les plus étour-
dissantes, prenant Léonce à témoin de la
véracité de mon histoire, tout à coup l'Anglais que je n'avais pas vu et qui m'écoutait
depuis un moment me dit avec un bon sourire : « C'est vrai, jeune homme? Vous sortez
de l'école de Varna? » Je me retournai les
yeux flambants, la crête redressée comme un
jeune coq : « De l'école de Varna, oui, monsieur, parfaitement! — Et votre cousin aussi,
je suppose? — Oui, monsieur, mon cousin
aussi. — Mais alors pourquoi porte-t-il écrit
sur tous les boutons de son gilet « Lycée
de Nîmes? »

Et son doigt, appuyé sur la poitrine de
Léonce, complètement ahuri, dénonçait à
tous les marques du mensonge, pendant que
le gaillard d'avant tout entier retentissait

POURQUOI VOTRE COUSIN PORTE-T-IL ÉCRIT SUR LES BOUTONS
DE SON GILET?...

17

d'un immense éclat de rire. Quant à moi, il n'y a pas de mot pour exprimer mon indignation, ma rage folle contre l'Anglais, contre Léonce, contre mes troupiers.... A ce moment, par bonheur, quelqu'un dit : « Voilà Lyon », et personne ne s'occupa plus que du débarquement.

Ce fut le dernier épisode de mon voyage. Que ceux qui l'ont lu ne me demandent pas ce que devinrent Mme Brouillard et son amie, ni les petits Montpelliérains, si joufflus, ni toutes les ombres chinoises que je viens de faire évoluer comme dans un rêve rétrospectif, bien fugitif et bien lointain.

Je le répète, ceci n'est pas un roman.

Quand une transition, ou un dénouement, manque à mon récit, je n'ai pas le droit de l'inventer. C'est pourquoi ne me rappelant plus rien de mon arrivée que marque l'algarade de l'Anglais, je la laisse s'évanouir dans les brouillards du Rhône et de la Saône, unis et confondus. Qu'on sache seulement qu'avant de quitter le bateau je ne sais quel hasard me révéla le nom de mon ennemi, l'Anglais de Saint-Quentin. Il s'appelait...., et au-dessous de ce nom trop connu pour que je l'écrive ici, je lus avec épouvante : « Capitaine de frégate, maître de conférences à l'École polytechnique. » Capitaine de frégate! Et c'est devant lui que l'élève de Varna racontait et mimait toutes ses aventures de mer!

ÉPILOGUE

Vers la fin du dix-huitième siècle, la bonne Mme de Genlis, institutrice ou gouvernante des enfants d'Orléans, si elle avait eu à sa disposition les souvenirs que je viens d'énumérer, en aurait fait certainement un livre de morale et d'éducation *ad usum Delphini*, avec ce titre « *Alphonse et Léonce* ou *les Victimes de l'imagination* ». C'est bien en

17.

effet ce que nous avions été tout le long de notre voyage et ce que nous devions être tout le restant de notre vie.

Quelque quatorze ou quinze ans après, devenus hommes tous les deux, nous causions de cette remontée du Rhône sur le *Bonnardelle*. Léonce était venu me voir à Champrosay, en 1869, dans la maison d'Eugène Delacroix que j'habitais avec ma femme et mon premier enfant, l'auteur des *Morticoles*, alors tout petit, tout blond, tout vêtu de blanc. Nous parlions du voyage, nous nous rappelions les détails, les désillusions de la route, et avant le départ tout ce qu'on forgeait de projets, de rêves, d'ambitions, dans la petite cour de la pharmacie, pendant que le timbre de l'entrée sonnait à chaque instant avec le cri de « Magasin ! Quelqu'un ! »

Lui, tout à coup très grave : « Ah ! comme nous avons changé depuis !

— Tu trouves ? répondis-je en riant. Je faisais au contraire cette réflexion que nous étions toujours les mêmes. J'ai continué ce

que je commençais sur le *Bonnardelle*, à
inventer des histoires pour faire rire ou pour
émouvoir un cercle de braves gens, et toi,
tu as continué à mimer, à jouer des personnages, à te mettre dans des masques divers
de crime et de passion.

— Oui, mais comme sur le *Bonnardelle*,
j'ai bien peur d'avoir gardé toujours les boutons de ma tunique de lycéen ! »

Il faut vous dire que Léonce avait pris le
théâtre comme carrière et jouait la comédie
sans grand succès, ayant eu, ainsi que ceux
qui ne passent pas au Conservatoire, à débu-
ter sur des scènes infimes, dans des rôles
inférieurs et dans la banlieue de Paris.

A cette date, 1868-69, il jouait au Théâtre
Montparnasse, rue de la Gaîté, avec un très
beau garçon, très célèbre depuis, mais alors
absolument inconnu, M. S. Je ne sais pas ce
que gagnait M. S. à l'époque, mais je me
rappelle que mon pauvre cousin avait quarante francs par mois, très irrégulièrement
payés, car un jour, lui demandant s'il ne

comptait pas être augmenté bientôt : « Ne
m'en parle pas, répondit-il, j'étais à quarante
francs, on vient de me mettre à vingt francs »,
et il ébauchait en me disant cela son amer sourire de coin qui m'a toujours impressionné.

Quelques mois après, c'était la guerre, et
je puis même vous donner sur cette déclara-
tion de guerre un détail. Dans l'atelier de
Delacroix, où était mon cabinet de travail,
il y avait des esquisses du maître peintre et
une grande toile décorative de Riesener,
parent de Delacroix, esquisse d'un plafond
de l'Hôtel de Ville « La Victoire », une victoire envolée dans des draperies claires et
sonnant une trompette triomphale. Ce matin
de juillet 1870, dans une séance mémorable
à la Chambre, M. de Grammont annonça la
guerre, et, coïncidence étrange, ce grand
tableau, vers la même heure, et sans qu'on
sache pourquoi, s'écroula sur le plancher
avec fracas.

Quelques jours après, je reçus une très
belle lettre de Léonce :

CE GRAND TABLEAU S'ÉCROULA.

« J'en ai assez de jouer des rôles. Je vais

« entrer dans la vie sérieuse. Jusqu'à présent,
« je n'ai fait des gestes que pour le compte

« d'autrui. Je vais agir pour mon propre
« compte. Je viens de m'engager dans un
« bataillon de ces petits vitriers (chasseurs
« de Vincennes) que nous aimions tant sur le
« Bonnardelle ».

Alors, moi aussi, je rentrai à Paris, je ne
fis plus de romans ni de pièces, je cessai de
raconter des histoires pour le gaillard
d'avant, et pendant tout le temps de la
guerre, je fis partie du 96° des Gardes Natio-
naux, dans les bataillons de marche, qui
dépassaient les remparts et qu'on était censé
envoyer au feu. Hélas ! je dois dire que les
rares fois où j'ai tiré des coups de fusil sur
les Prussiens, ou entendu siffler leurs balles
et craquer leur obus, ce ne fut jamais dans
mon bataillon, qui ne marchait guère, non
par mauvaise volonté, mais parce que Tro-
chu, le Gouverneur de Paris, était un pro-
vincial, une vieille brisque, qui se méfiait de
l'élément civil et n'a jamais usé de ce qu'il
tenait alors dans Paris de bonne volonté et
de courage.

NE ME FAITES PAS PARLER DE CES JOURS-LA..., ILS SONT LUGUBRES.

18

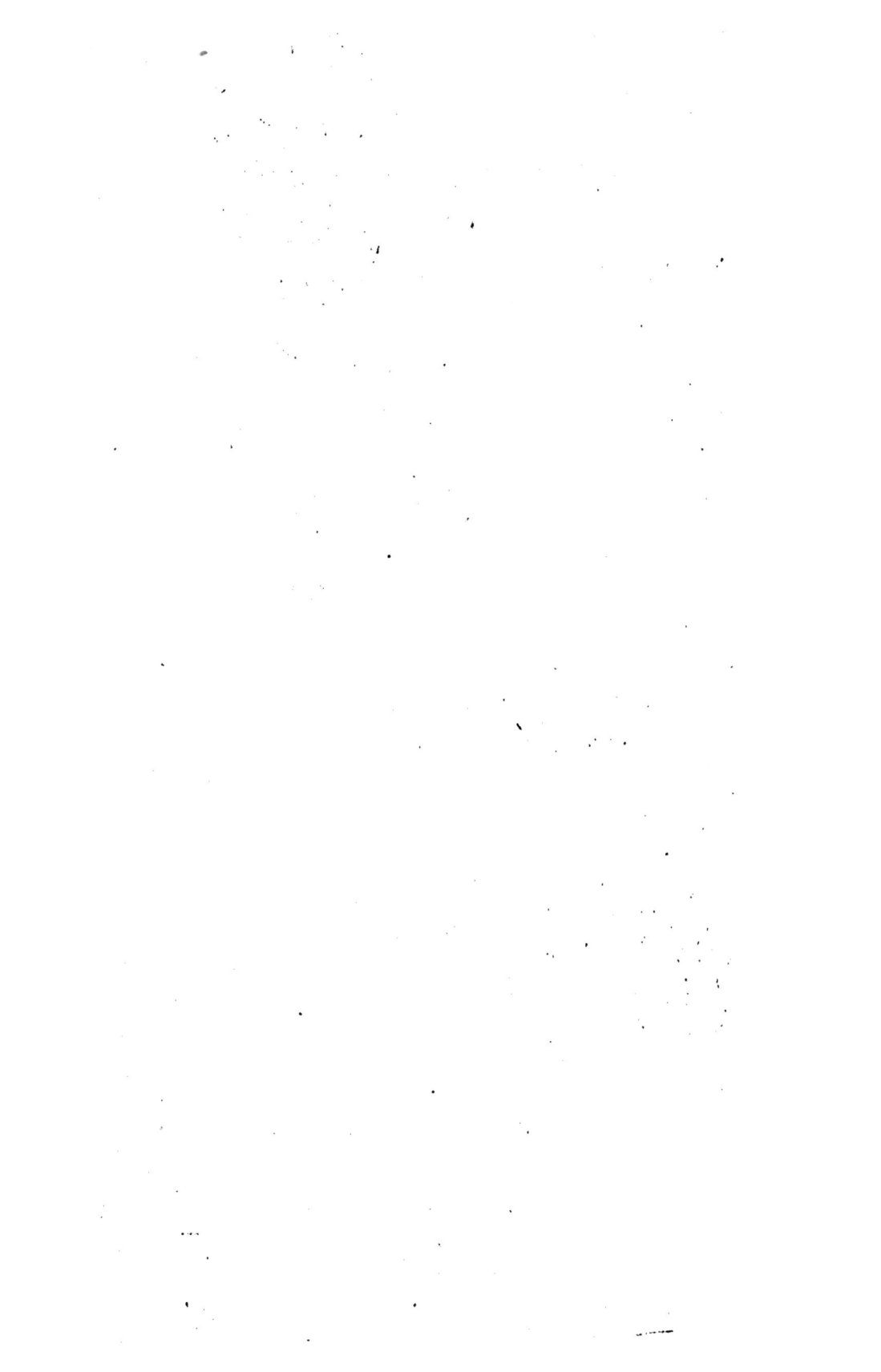

Naturellement pendant ces six mois, tout le temps du siège, bloqué, emprisonné, je n'entendis plus parler de Léonce, mais je pensai à lui souvent, quand nous étions de grand'garde et qu'on disait aux avant-postes, l'oreille tendue vers l'horizon, brumeux et neigeux, où l'on croyait entendre des fusilla des lointaines : « Voilà Chanzy qui approche », ou, quand le vent soufflait du Nord : « Faidherbe ne doit pas être loin ». Moi, songeant à mon cousin, je me le figurais apparaissant tout à coup parmi les tirailleurs français de l'armée de délivrance ; mais chaque fois c'était la même désillusion. Chanzy n'arrivait pas, Faidherbe restait au loin, et j'étais toujours sans nouvelles de mon cher Léonce, quand Paris vaincu ouvrit ses portes. Ne me faites pas parler de ces jours-là, ils furent trop lugubres, car l'on sentait dans l'air comme un avertissement qu'allaient s'accomplir de terribles désastres.

Enfin, je finis par savoir ce qu'il était advenu de mon pauvre ami. Léonce avait

disparu après la victoire de Bapaume ; il était
dans l'armée de Faidherbe, — 18ᵉ chasseurs à
pied s, — il commandait, sergent médaillé, la
première ligne des tirailleurs ; c'était un
tireur merveilleux. Atteint d'abord à la main
gauche, au commencement de la bataille,
il se fit panser sans quitter ses hommes
qui ont raconté le fait plus tard. Ensuite
blessé au bras, et ne pouvant plus tenir son
fusil, il voulut rester quand même sur le
champ de bataille pour donner l'exemple
à ses soldats, puis, se sentant défaillir, et
sans permettre que personne l'accompagnât,
son fusil en bricole, il partit pour l'ambu-
lance, en disant à ses tirailleurs : « Courage,
mes enfants, ça marche, ça va bien » ; et rec-
tifiant encore avant de partir les hausses des
chassepots. Depuis ce moment on ne l'avait
plus revu, on n'avait plus entendu parler
de lui.

La pauvre mère, veuve, après avoir d'abord
attendu, écrivit à tous les chefs, à toutes les
ambulances où restaient encore des soldats,

IL SE FIT PANSER SANS QUITTER SES HOMMES.

18.

puis en Allemagne où elle pensait que peut-
être son fils était prisonnier, et recevant

toujours la même réponse : pas de nouvelles,
la malheureuse mère était partie en un pèle-
rinage de désespoir. Elle était allée elle-

même voir Faidherbe qui, plein de bonté,
l'avait fait conduire sur le champ de bataille
de Bapaume et, de là, dans les ambulances
militaires et civiles à Saint-Quentin, dans
toute la région. Elle était revenue brisée,
découragée, avait traversé Paris pour retour-
ner à Nîmes, gardant toujours au cœur,
sans qu'elle osât l'avouer tout haut, l'espoir
que Léonce allait réapparaître tout à coup,
en surprise.

« Vois-tu, mon enfant, me disait-elle, ce
qu'il y a de plus terrible, c'est ce maudit
timbre de la porte d'entrée. Oh ! ce timbre
qui sonne dix, vingt fois par heure, et
qui vient me chercher dans tous les coins
de la maison et me fait sauter le cœur
chaque fois et courir vite, vite à la pharmacie, pour voir si, par hasard, ce ne serait
pas lui ! »

Elle retourna dans sa triste maison. Combien de jours, combien de mois, combien d'années encore a duré le supplice de la pauvre
mère, le martyre du timbre toujours agité

comme le grelot d'or de l'espérance, qui ne peut pas mourir au cœur des mères?

J'ai souvent repensé à cette mort tragi-

que. Évidemment Léonce a été écrasé par
quelque obus, défiguré, en revenant de l'ambu-
lance, et jeté à la fosse avec tous les débris
funèbres dont se couvre un champ de
bataille.

Si, frappé trois fois dans la même journée,
il s'est vu mourir, quand il est tombé, je pense
que cette fin brusque et prématurée n'a pas
dû le surprendre. Quelque secret pressentiment devait l'en avertir de tout temps, et
c'est ainsi que je m'explique le pâle sourire
en coin qui m'a si souvent troublé, sur ce
visage ami et familier. C'est avec ce sourire
que je te vois couché dans les sillons de
Bapaume, cher compagnon d'enfance, c'est
avec ce sourire désabusé, lugubre, tout
marqué de la désillusion des morts jeunes,
que tu m'apparais toujours quand je pense
à toi.

www.ingramcontent.com/pod-product-compliance
Lightning Source LLC
Chambersburg PA
CBHW070559100426
42744CB00006B/337

3690 — IMPRIMERIE GÉNÉRALE LAHURE

9, RUE DE FLEURUS, PARIS